世界は新冷戦へ突入

それでも強い日本経済!

Emin Yilmaz
エミン・ユルマズ

ビジネス社

はじめに

私は日本という国にオールインした。オールインとはポーカーの用語で持っているすべてのチップをかけることを意味する。日本に来てすでに20年を超えたが、もう人生の半分も日本で過ごしたことになる。日本はいろいろな意味で過小評価されている国である。世界最高のインフラ、レベルがきわめて高い人的資源を保有しているのに、人口減少だけを理由にまるで日本が沈んでそのうち消えて無くなるかのような報道ばかりされている。これが日本国民の将来に対する不安を増大させ、消費意欲を激減させているし、経済に大きな悪影響を与えている。私はこの状況を**「悲観論不況」**と呼んでいる。

私は日本が沈むどころか今後ますます発展し、21世紀の世界に大きなインパクトと変化を与える国になると確信している。実は日本はまだ世界のステージに立ったばかりにすぎない。今年は明治維新から１５０周年に当たる。１５０年は人間の寿命から見れば長い期間だが、国の歴史からみればあっという間である。

たとえば平安時代は392年続いたし、江戸時代は265年続いた。明治維新が1912年に終了したとしている歴史学者はたくさんいるが、私は明治維新がまだ続いているのではないかと思う。今年の1月に明治維新を研究するために山口県萩市を訪ねたときにそう確信した。明治維新で大きな役割を演じた長州藩だが、その後8人も総理大臣を輩出した。安倍総理も山口県出身なので、いまでも日本のトップを長州藩出身が務めていると考えることができる。明治維新は日本が世界にどう適応していくかというチャレンジである。そしてそのチャレンジはいまでも続いているのだ。

第二次世界大戦後に始まった冷戦は1989年にベルリンの壁の崩壊で終了した。その後の世界は国家間で大きな対立はなく、経済成長や技術的な進歩が重要視された。冷戦の終わりを歴史の終わりと定義する学者までいた。しかし、これは歴史の終わりではなく、前の冷戦と新しい冷戦の間のインターバル期間であった。新冷戦時代は2014年にウクライナ危機で始まった。その後にシリアの内戦で東西対立がより鮮明になった。

そしていま、トランプ政権の米中貿易戦争という形で続いている。この冷戦は今後50年間の世界の経済、貿易、情報技術をどのブロックが支配するかを競う覇権争いである。第二次安倍内閣が発足したのは2012年12月26日だが、これも偶然ではない。安倍内閣は間違いなく〝新冷戦内閣〟である。
新冷戦の始まりで、世界は動乱の時代に入った。この時代は大きなリスクも、大きなチャンスもたくさんある時代だ。そして、日本にとっては間違いなく追い風になる。日本のバブルが弾け、不況とデフレに入った時期と旧冷戦の終了は同じ時期である。冷戦の終了で日本の地政学的な重要性が後退し、景気も低迷する時代に入った。当然これも偶然ではない。

実は日本にとってもう1つ大きな出来事がいま起きている。それはジャポニスムの再来である。ジャポニスムとは19世紀の後半に欧米を中心に広がった日本趣味のことだ。当時のジャポニスムは欧米の芸術や文化に大きな影響を与えた。そのジャポニスムがアニメ、漫画やゲームというコンテンツを通じて再来したのである。インターネットを通じてさまざまなコンテンツが世界に広がり、優秀な通訳エンジンができたことでいろいろな言語に訳されている。日本人気の高まりを受け、日本を訪れる外国人観光客も爆発的に増えている。19世紀のジャポニスムは約50年間続いた。新ジャポニスムも長期的なトレンドだと考える。日本語や日本文化に関心を持っている人が世界中で増え、これが今後日本のソフトパワーのベースをつくると思う。

不思議なことに日本人は外国に評価されるまで手元にある宝物の価値を認めないし、廃仏毀釈に顕われているようにたまには自分で破壊しようとする。19世紀にも日本人がガラクタだと思っているものを外国人がしこたま自国に持ち帰ったことでジャポニスムが始まったが、今回も似たようなことが起きている。日本でサブカルチャーと言われバカにされていたものが、いまは世界中の若者のメインストリームになりつつある。

私は経済的、地政学的にはもとより、文化的な観点から見ても日本の未来は明るいと考えている。しかし、勘違いしてはいけない。今後の道筋はバラ色ではないし、先にいろいろなチャレンジが待っている。日本企業の官僚体制と人工的に守られている既得権益は日本経済をダメにしているし、異常なまでの悲観報道は日本国民の活力を奪っている。

日本人は団結して勢いに乗っているときは世界のどの民族よりも力を発揮できる。しかし、ときには勢いに乗りすぎて留まるべきところで留まらないのも日本人の特徴である。2018年サッカーワールドカップのベルギー対日本戦はみんなの記憶に新しいと思う。日本は2点リードを奪った後も守りに入らないで攻撃サッカーを続けたが、次々に失点し、最後の最後で逆転負けを許した。この試合はいかにも日本の近代史のようであった。日清戦争、日露戦争と勝って来た日本は留まるところを知らなかったので太平洋戦争で大負けをしてしまった。戦後も同様で、敗戦処理、オイルショック、プラザ合意といくつもの困難を乗り越えたが、最後はバブルの崩壊ですべてが泡のように消えていった。

冷静に歴史を振り返ればわかることだが、日本は勝って、リードしているときがもっとも弱いのである。「追いつけ追い越せ」という言葉は日本の近代史の要約そのものだが、いったん追い越してリードするようになったときにノープランなので逆転負けをしてしまう。私は日本が世界をリードする日がそう遠くないと思うので、そのための準備をいまから始めて、そのときに必要になる戦略や頭脳を育てるべきだと考える。そうすることでロスタイムでの逆転負けがなくなるはずだ。

この本は読者のみなさんがさまざまな角度から今後の日本と世界を考えるキッカケになることを心から願って書いたものだ。あらゆる物事に対して複眼を持つことが大切で、柔軟に考えることができれば最終的に勝てる。日本の明るい未来を信じて一緒に考えましょう！

２０１８年　東京　エミン・ユルマズ

はじめに——2

第1章 日本の明日をポジティブに考える

ＡＩによって約30％の仕事がなくなる⁉——14
高給取りの人たちほど危機感を持つべきだ——16
スキルがあればどこにいても活躍できる時代がくる——19
人が収入を増やすための2つの方法——22
メディアがつくり出している悲観論不況——25
日本には「ヒト・モノ・カネ」の3つの資産が揃っている——28
高齢者が経験値を活かして働ける時代に——30
人口減少は歓迎すべきことだ——32

アップルもマイクロソフトも初めはガレージカンパニーだった——34
日本は社会主義経済に近い形を実現したモデル国家——36

第2章 世界は〝新たな冷戦〟の構造へ

「イラン核合意」の行方——40
中東情勢に大きな意味を持つサウジの方向転換——42
すでに〝新冷戦〟は始まっている——46
保護貿易をめぐって米中間は熱くなる一方——50
中国につくられたインターネットの〝鉄の壁〟——52
フェイスブックへの警告——54
トランプ政権は典型的な共和党政権——58
トランプ政権の〝シリコンバレーいじめ〟の真相——60
中国のＡＩＩＢと「一帯一路」の真の狙い——64

ドルの価値はアメリカの海軍力が担保している――68
インドは次の中国になれるのか？――70
なぜ世界から独裁主義、共産主義がなくならないのか？――75

第3章 仮想通貨とVIXショック

仮想通貨ビットコインと電子マネーの違い――80
仮想通貨とブロックチェーン――82
ビットコインはバブルなのか？――85
ビットコイン取引の全シェアの98%を占めていた中国――89
仮想通貨ならUSB1つに全財産を入れて持ち運べる――93
仮想通貨NEMが580億円相当消失した事件――96
まだ黎明期の仮想通貨～その投資スタンス――99
2018年2月の「VIXショック」は次の危機の前ぶれか？――102

第4章

日本の無理と無駄と弱点、そして強味

「米金利上昇なら円安」という固定観念は捨てたほうがいい――105
米国経済にリセッションリスクはあるのか？――107
アメリカの金融引き締めで新興国が一番打撃を受ける――113
世界の借金は２４０兆ドルに‼　でも日本は大丈夫――116
消費税10％が２０１９年10月から実施されるが――122
震災と原発事故による暗さを払拭しただけでも
安倍政権の功績は大きい――125
日本は資本家をつくらずに官僚主義の企業経営を行ってきた――128
小売業者を守るためにオンラインショッピングの
税金を変えてみては――131

本当の働き方改革とは――133
私が野村證券時代に学んだことは〝会社主義〟の無駄――138
〝会社主義〟の企業には優秀な人材は集まらない――140
経営者はあまり若すぎない30代後半〜40代あたりがいい――144
メディアドゥホールディングス藤田社長へのインタビュー記事――146
ジャポニスムの再来――154
日本には、まだ「ジャパン・アズ・ナンバーワン」の余韻が残っている――157
日本はもっとシンクタンクを育てる必要がある――159
日本には独特の商社という文化があるが――162
日本の銀行は必要なところにお金を貸さないから儲からない――165
ソニーのポテンシャルはきわめて高い――168
ソニーは技術の継承ができている――172
孫正義氏は日本のウォーレン・バフェットだ――175
世界の子供たちを魅了する任天堂のソフトパワー――179
トヨタの水素燃料電池車に期待する――181

第5章　複眼経済塾流株式投資の心得

個人投資家は、もっと主体的に日本株に投資すべきだ――186
投資はサイエンスであり、投機はアートである――189
自分の生活のなかに株式投資のヒントがある――192
複眼経済塾の分散投資の成果そのポートフォリオを公開‼――195
複眼経済塾塾生の3カ月のパフォーマンスはプラス10％――200
下がったら売ってもいいが、上がったら売ってはダメ――204
株式投資はストーリーで考える――207
成長企業「従業員持ち株会」のド迫力――209

おわりに――217

第1章

日本の明日を ポジティブに考える

ＡＩによって約30％の仕事がなくなる!?

ＡＩの進展によって今後20年のあいだに、現状の仕事の約30％がなくなるといわれていて、何がなくなるか興味津々の人、なかには将来、自分の仕事がなくなるのではと不安を抱いている人もいるだろう。

では、何がなくなるのかというと、たとえば簡単な受付業務とか、これはすでにある自動レジのような販売業務、空港の出国・入国業務など、機械に置き換えられるような、そこにわざわざ人を置かなくてもすむ仕事は基本的になくなっていくはずだ。

一方、お客さんと対峙したときに細やかなサービスを必要とするような、ファッションアドバイザー、高級なジュエリー店のしかるべき店員、スーツにしてもテーラーメードを手掛ける人など、そういった付加価値がともなう仕事は残っていくだろう。

つまり、人を必要としないシンプルな仕事は無人化・自動化されて消えていき、人の対応を必要とする仕事は残るという、この二極化が今後ますます加速していくことが予想される。

とはいえ、人が対応をして欲しいという仕事は必ずある。その典型的な例が旅客機で、いまの飛行機の技術は人が操縦しなくても飛べる水準に達しているし、むしろ人が操縦しないほうが安全に飛べるともいわれている。

ボーイングにしてもエアバスにしても、そういうシステムにすぐ移行できるものの、誰しもパイロットがいない旅客機には乗りたくない。要は、安心・安全を感覚的に担保する必要性からパイロットが操縦室に座っているといってよい。

旅客機と同じことはクルマの自動運転についてもいえる。やがて高速道路を走るトラックやバスなどもドライバーを必要としない時代になるだろうが、そのシステムの安全性はまだ証明されていないので、人から信頼されるようになって初めて、旅客機でもトラックやバスなどでも人が乗って安心ということになる。

これは何に似ているかというと、いま勝手に動いているエレベーターを想起していただきたい。私たちは、ほとんど何も心配しないで毎日のようにエレベーターを利用している。それは何万回も試運転して安全性が確認されているという信頼に基づく（それでも事故は起こるが）。近いうちに旅客機やトラック、バスなどの自動運転についてもこれと同じような感覚を持つことになるだろう。

したがって、こうしたことからＡＩは今後、数十年から半世紀は移行期にあるといえる。単純な仕事もさることながら、ＡＩのレベルがもっと高くなってくれば、医療の仕事などもできるようになっていく。たとえば血液や尿の検査がインターネット上で素速くできるようになり、そのデータを持って医師のところに行くということが考えられる。となると医師の負担が減り、遠隔医療も発達するに違いない。

高給取りの人たちほど危機感を持つべきだ

人というのは〝会社人間〟になってしまうのが一番ダメで、なぜならその会社でしか通用しないからだ。何のスキルの設定もないまま漫然と過ごしていればクビになるか、よくてもそのままダメなサラリーマンで終わるしかない。

私がとりわけ危機感を持つのは、給料が安い人たちではなく高給取りの人たちだ。たとえば銀行とか証券会社などの金融業を例にとれば、給料の安い人たちは窓口業務や外回りの仕事など、何らかの実務をこなしている。

しかし、社内で地位が上にいくほど全員とはいわないが、大した仕事はしていないのが実情で、そんな人たちに高額な給料を払うのはムダというものだ。それこそ、彼らの替わりにロボットに処理させたほうが賢明だろう。

もっと言えば、あまりにも日本の貯蓄額が多く、これにつれて銀行や証券会社の預かり

図表1　大企業の経営者を中心に行ったアンケートの調査結果

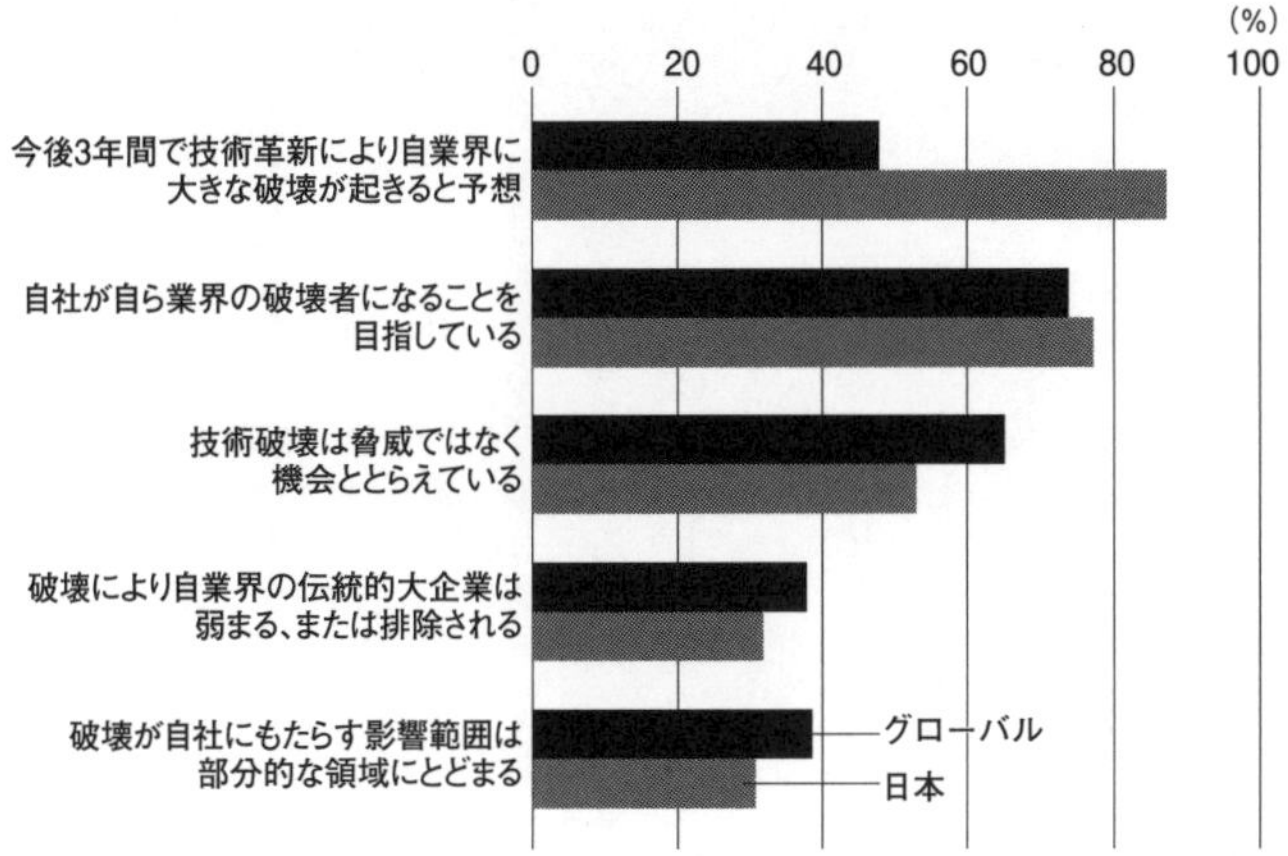

ソース：KPMG

資産が大きくなっているので、それぞれ持っている預かり資産に関わる手数料だけでも相当な利益が出ている。それに甘んじて高給取りほど積極的に仕事をせずに、変わり映えのしない日々を送っている。

KPMG（オランダを本部とする世界154カ国にわたるグローバルネットワークに、20万人のスタッフを擁するプロフェッショナル・サービスファーム）が、大企業の経営者を中心に行ったアンケートによると「今後3年間で技術革新により自業界に大きな破壊が起きる」と予想している経営者は全体の87％だった。しかし、何か手を打とうとしている人はほとんどいなかった。

その理由は簡単だ。自分たちが勤めているあいだはとりあえず大丈夫であればよくて、退職後のことは知ったことじゃないし、オーナーでもなければ、株もほとんど持っていない。自分が現役でいるあいだに倒産しなければ問題ないということだ。

日本の大手企業の大部分をダメにしているメンタリティがここにある。先行きが暗いと思えば思うほど経営者は何もしない。当然のことだが、それをしっかり観察している若い社員のあいだに会社への忠誠心や企業理念を持とうとする気持が生まれるはずもない。現状維持経営では大手企業は遅かれ早かれ潰れてしまう。それが、そういった会社の運命だ。

もう既得権益で生きられる時代ではないし、会社という組織が守ってくれる時代ではない。ＡＩが進展していく途上にあって、私は高給取りの人たちほど危機感を持つべきだと思っている。

これまでに、家電や半導体を手掛けてきた企業が非常に苦しい立場に置かれるという経緯があったが、現在、苦しい状況を迎えているのが自動車業界だ。とりわけ部品屋さんは電気自動車がさらに普及すれば、その30～40％がなくなるといわれている。

それで、こうした時代の変化によって淘汰《とうた》されることが、いいのか悪いのかといえば、どうしてもネガティブに考えてしまいがちだ。しかし、大きくとらえれば、これはいい悪いという問題ではなく、時代の変化によって淘汰されるのは、やむをえない流れであり、むしろ変化していく現実をポジティブにとらえるべきである。

たとえば、私は足尾銅山や日立鉱山の資料館を訪れたことがある。昔はツルハシで掘っていた作業が、やがて機械化されていくという両鉱山の歴史を見てきた。人力でやっていたことが機械に替わるのは必然的な流れで、こうした変化は、あらゆる産業で昔から起きている。

かといって、人が機械に変わったために、人の仕事の全部が失われたわけではないし、新しい仕事が次々に生まれているので、時代の変化にどう自分が対応していくかが非常に重要であり、そのためには自分に投資をし、スキルを身に付けることが大切になる。

スキルがあればどこにいても活躍できる時代がくる

とくに若い人たちは、ＡＩの進展によって仕事が少なくなるとか、外国からの労働力の流入で雇用の範囲がせばまるという不安を抱えているかもしれない。しかし、スキルがあればどこにいても活躍できる時代にすでに入っているし、**「外国からの労働力の流入」**という概念自体、もう古すぎる。

先日、私は自分でやるよりもプロに仕事を頼みたかったということと、日本国内のプロに依頼すると高くつくという理由から、アップワークという世界中のスキルワーカーが登録している海外のポータルサイトを利用した。

仕事の内容は、1時間以上の動画を2分程度のきれいな予告編動画のようにしてほしいというオーダーで、その中身の説明と2万5000円（日本の場合はこの4～5倍）という値段を提示したところ、海外から35人のプロの応募があった。

みんな自分の作品のリンクを送ってきたり、YouTube上の自分の作品への案内があったりした。そのなかから1人を選び、数週間やり取りしたのち、私のオーダーどおりのものが送られてきた。

これが何を意味しているかというと、外国人は別に日本に来なくても仕事ができるということだ。ただそれでどうなるかというと、これから世界中を相手にすることになるから、すさまじい競争にさらされることは明白だ。

私の仕事を受けて見事にこなしてくれたのはスロベニアの人だった。このように国境を越えて全世界の才能を利用できる時代を迎えたのだから、会社に属さないフリーランスでもスキルさえあればどこでも生きられるわけだ。これからの時代、いかにスキルが重要になるかという話である。

いま日本で働いている外国人は、ほとんどスキルワーカーではなくて、どちらかというと、3K（きつい、汚い、危険）の職業に就いているケースが多い。実際、彼らのおかげで日本は助かっていると言える。

ちなみに2017年度末で、日本全国で仕事に就いている外国人労働者は約217万人に達しているものの、日本の人口構成は高齢者が多く、若年層に近づくほど少ない。いわゆる西洋式の肩幅が広い棺桶型の人口構成図になっているため、外国人労働者への依存度がますます高まっていくとされている。

しかし日本は、3Kのような職業に就いてくれる人ばかりではなく、実はスキルワーカーこそ求めたい人材なのだ。ただ残念なことに日本はまだスキルワーカーを集められるほどの魅力はないし、国内外を問わず仕事を効率的にシェアリングしていくという発想も乏しい。

これからアップワークのような企業がどんどん現れてくるはずだから、自分のスキルを磨くことに専念すれば、AIの進展によって仕事が少なくなるという不安は解消されるはずだ。

AIもそうだが、VR（バーチャルリアリティ）という技術も従来の仕事のスタイルを激変させる可能性がきわめて高い。VRの技術によってオフィス空間をつくり出せば、そこで世界中の人たちと仕事ができるようになるはずだから、人が一堂に会したり、移動したりする必要もない。

ＡＩやＶＲの登場による皆さんの戸惑いはわからないではないが、人は自分に投資をしなければ、これから生きていけないことを、いまだからこそ強く認識する必要がある。自分への投資でスキルが向上すれば大きなチャンスがあるし、組織に依存しなくても自力でやっていける時代がくるはずである。逆に、マニュアル操作しかできないような人たちにとっては非常に苦しい時代がくることになる。

要は、すでに私たちは時間・空間を超えてビジネスなどを展開できる時代を迎えている。もちろん私はこうした時代の変化に対して、多くの皆さんが必ずしもネガティブにとらえているとは思わないし、このことに気づいている日本の若い経営者が結構多いことを実感している。

人が収入を増やすための2つの方法

人が収入を増やす方法はパッシブインカムとアクティブインカムの2つがある。パッシブインカムは投資などによって**「お金が人のために働くこと」**、アクティブインカムは**「人がお金を稼ぐために働くこと」**で、人が経済的に自立するためには両方とも必要だと考えたほうがいい。

たまたま投資で成功したからといって仕事をやめるべきではない。2017年の11月だったが、「仮想通貨で3億円を稼いだが、今後どうすればいいのかわからない。教えてください」という相談を受けた。いわゆる億り人（仮想通過取引の億万長者）からの相談である。彼が成功したのは何らかの知識や計画があったからではなく、単に運がよかったからなので、私からは「保有している仮想通貨はすべて現金にして、二度と手を出すな」というアドバイスをした。私のアドバイスを守ったかどうかわからないが、その後、仮想通貨は著しく下がったので、いまでも心配している。

このように言うと「あなたは投資を勧めているではないか」という言葉が返ってきそうだ。しかし私は知識や計画がない人に投資を勧めない。少なくともいま知識がない人でも学習したいという気持ちが必要である。

投資の目的は一攫千金《いっかくせんきん》で仕事を辞め一生何もしないで暮らすことではなく、人生のあらゆるリスクに対するバッファー（ゆとり）を与えることである。人はアクティブインカムだけではなく、ある程度パッシブインカムや貯蓄があると、何らかの理由で会社をやめたいという気持に陥ったときに、いつでもやめられるという心の余裕を持つことができるはずだ。これは価値で表すことができないほどのプラスアルファを人生にもたらしてくれる。

私たちはその余裕を目的として投資をお勧めしている。

アクティブインカムとは、つまり時間給であるから、収入を増やすには働く時間を残業などによって長くするか、時間に対する労働対価を上げるしかない。とはいえ1日は24時間なので、働く時間を伸ばすには限界がある。そこで労働対価を増やすには、自分への投資が必要になる。

世の中を見渡してみると、時間給には1000円、2000円等々のばらつきがあり、どうせなら時間単価が高いほうがいいに決まっている。先に紹介したアップワークの例でいうと、私が支払った金額は2万5000円であった。これを受注した人が、もし仕事を1時間でこなしたとすれば、時間給は2万5000円ということになる。つまり、スキル次第で時間単価が決まるということだ。

したがって、固定給をもらっているサラリーマンこそ一度、自分の時間給を算出して、その単価を増やすにはどうしたらよいかを考えたほうがいい。何も考えずに会社から言われるままに仕事をして、会社が傾いたときに自分には何のスキルもないでは困る。

何か資格なり、スキルに役立つような趣味でもいいから自分にプラスアルファになるものを求めるべきである。たとえば、いまの若い人はあまりゴルフもやらないようだが、考えようによっては、ゴルフは自分への投資になるはずだ。

いい歳をした人が一日中一緒に過ごせるのはゴルフぐらいのもの。それでも社会的地位の高いCEOなどとラウンドできたりすれば、コミュニケーションがとれるようになって、それが自分の仕事に役立つことにつながる。

入社して間もない若いサラリーマンの場合、限られた給料から苦しい思いをして毎月何万円かを貯金するより、自分のスキルアップのために何らかの投資をしておけば、30～40歳代になったときの時間給は、何もしなかった人の倍くらいになっているかもしれない。

要は、パッシブインカムとアクティブインカムの両方を同時に実践していくことが大切なのだ。社会に対して何らかの生産に携わりながら、一方では自分を守ってくれるバッファーを持ち続けるということだ。

メディアがつくり出している悲観論不況

日本のメディアが社会情勢などを不必要に暗く報じているのは、いかがなものか……。

バブル崩壊以降のトラウマから抜け出せない可能性があるにしても、やがて年金がもらえなくなるとか、人口減少で働き手がいなくなるとか、地方は衰退する一方などと不安ばかりを煽《あお》っているようにしか思えない。

しかし、それは従来の固定観念で物事を考えているからである。すでに述べたように、AIやVRなどの進展によってもたらされる、大変革の時代が目前に迫っていることを認識する必要がある。

先日、日経新聞に「コンパクト・シティ」に関する記事が出ていた。コンパクト・シティとは、住宅・職場・店舗・病院など、生活に必要な機能を街の中心部に集めることで、マイカーに頼らず、公共交通機関や徒歩で暮らせる街にするという政府の都市計画や街づくりの概念だ。

そして、この記事を目にした2日後ぐらいだったか、電子書籍取次大手として知られるメディアドゥホールディングスの藤田恭嗣《ふじたやすし》社長に会いに行った際、この政府の構想について尋ねてみると、私が考えていたこととほぼ同様の答えが返ってきた。

彼曰く、「政府のコンパクト・シティの概念は、そっちのほうがインフラの必要性が軽減されると考えているからで、やろうとしていることは時代の流れと真逆だ。そもそも自己完結するようなインフラフリーのシステムをつくればいい。医療でも何でもすべてリモートでつながるようなシステムをこれから考えればいいのに」と。この意見に私はまったく同感だ。

ちなみに藤田さんは、まだ40歳代前半。徳島県出身の地元思いの人で、故郷の木頭村《きとうそん》（現在の那賀町）に徳島木頭事業所をつくり、故郷の振興に貢献しようとしている。

なぜ、日本のメディアがネガティブな報道に偏るのか、政府が時代の流れに沿わない構想を立てるのかというと、いまの技術がそのまま何十年先にも存在すると思っているからだ。これは一番典型的な誤解というほかない。

こうした誤解はこれまでにもあった。江戸時代末期の幕府も、現在のシステムが30年後も50年後も残ると勘違いしていたに違いない。

日本の人口が減ることは間違いなく事実であり、現在のシステムのままでは人口減少によってもたらされる問題は解決しないのも事実だ。であるならば、どういうところに投資をし、どのような解決の仕方をするか、あるいはそれらを実行に移す前にシンクタンクのような形をつくって、いろんな人たちの知恵を集めて考えるべきなのに、それをどこも具体化しようとはしない。

政府もメディアも、つまり先見力が欠如しているということだが、メディアは自身のことは棚に上げて、一方的に政府の無策振りを不必要に煽っている。そのほうが大衆受けしてテレビの視聴率、新聞の購買量などが上がるからだ。

しかし、それがどのような弊害をもたらしているかというと、ネガティブな雰囲気をつくればつくるほど人の活力が失われていく。若者の恋愛ばなれ、夫婦間のセックスレスなど、人が恋愛やセックスをしなくなっていることにそれが現れている。

新卒の20代の若者で老後の心配をしている人に何人も会った。新卒の若者は普通に考えれば人生はまだ半世紀以上もある。極端にいえば自分が歳をとったら日本という国がなくなっているかもしれないし、多くの人が宇宙に行っているかもしれない。そんな先のことは誰もわからないのに、先行きのことばかり心配させるメディアや社会は決して健康的とは言えない。

こういう状態が、私は悲観論不況だと思っているが、悲観論が蔓延《まんえん》すればするほど人は保守的になり、お金を使わなくなって〝貯めよう集めよう〟ということになる。しかし、お金を集めてもお金は単なる紙だから、流動化させないとお金自体、何の意味も持たない。

日本がいま置かれている状況は、明治維新や第二次世界大戦直後に比べれば、比較にならないほど良いのに、**なぜ悲観する必要があるのだろうか。**

日本には「ヒト・モノ・カネ」の3つの資産が揃っている

日本には「タンス預金」という言葉がある。この言葉に日本人の〝貯金好き〟が象徴されているように日本の貯蓄率は世界一だ。

一方、日本の株式市場では外国人投資家の取引が全体の7割以上に達していて、日本人主体で株式相場は動いていない。これは日本全体が物欲を抑制してしまっている典型的な現象と言える。

いまの日本は、お金の流動性を高めなければならないという問題点がはっきり見えているのに、その解決策がわからない状態にある。これはもったいない話だ。

国が何かをやろうとした場合、本当の資本（マネタリーキャピタル）、人的資本（ヒューマンキャピタル）、モノ的なインフラの3つの資本が必要になる。日本にはこの3つが揃っている。貯蓄率は世界一でお金がたまっているし、モノはあるし技術はある。レベルの高い大学がたくさんあって、そこではさまざまな研究が行われているし、優秀な人材が育っている。

せっかくこの「ヒト・モノ・カネ」の3つの資産が揃っているのに何かをやろうとしても、いまの日本には、この3つをまとめてコントロールしながら牽引するパワーとアイデアが不足している。

したがって、何らかの解決策をまず考えて、それを試験運行して投資をし、その成果に基づいて実行していくという段階を追っていく必要があるだろう。しかも前半の段階では、それほどお金はかからないはずで、ユニークな意見や斬新なアイデアを提供してくれる人はたくさんいると思う。

高齢者が経験値を活かして働ける時代に

高齢化社会の到来がさまざまな議論を呼び、多くの高齢者がやがて働けなくなると懸念されている。しかし、それは間違ってはいないが、もう古い考え方だ。

高齢者が働けなくなる理由には、スキルと体力の衰えがある。でも、単に経済的理由だけではなく、社会と何らかの形で関わっていたいとか、生き甲斐《がい》を求めてとか、まだまだ働く意欲満々の年寄りがたくさんいるし、これから高齢者が増える一方なら、なおさらそのパワーを放っておく手はない。

高齢者の強みは経験値があることだ。たとえ体力が衰えたとしても、その頭脳にはその人が積み上げてきたものがある。それを自宅にいても提供できるシステムを構築すればいい。

専門的なスキルのある人のなかには、まだ若い者には負けないと頑張っている人もいるだろうが、体力の衰えには逆らえない。だから、体力が衰えたときには指導的な役割を担ってもらうなど、そのスキルが充分に伝わり、引き継がれていくようなシステムを構築すべきだ。

これは夢のような話に聞こえるかもしれない。しかし私は、そうしたシステムが実現するまで、あと20年はかからないと思っている。

VRによって人がロボットをリモートで動かせるようになれば、頭を使うだけだから体力的なことは問題ない。ひょっとしたら長寿国である日本は、高齢者の経験値を活かすことで**世界一の知的財産を保有する国**になるかもしれない。

障害を抱えた人たちの就職支援を事業の一環としている、LITALICO（りたりこ）という会社の長谷川《はせがわ》敦弥《あつみ》社長が「メガネがなかった時代は、目が悪いことは障害だった。でも、メガネができて目が悪いことは障害じゃなくなった」と、面白いことを言っていた。

これと同じことが、高齢化社会にも当てはまるのではないだろうか。現在は歳をとって体が動かなくなることは、障害を抱えているのと同じようにハンディと見られている。

だが、VRやロボットスーツなどの新しい技術が登場したことによって、いくつになっても経験値を活かして働ける時代が、そう遠くないうちに訪れるはずだ。実はこれらの技術のメリットを受けるのは高齢者だけではない。男性との体力差で、いままで進出できなかった職業にも女性がこれからどんどん進出できるようになる。

人口減少は歓迎すべきことだ

メディアは高齢化や人口減少をネガティブにとらえているが、日本は、単純に国土面積から考えても人口が多すぎるので、現在の約1億3000万人という人口が減少に向かうのはいいことだと思う。

発展途上国の成長を妨げている理由もさることながら、世界の貧困問題の根元にあるのは人口増大の問題で、とくにアジアでは将来的にこの問題が深刻化してくるはずだ。

私は、フィリピン、インド、パキスタン、バングラディシュなど、東南アジアの国々を何回も訪れているが、これらの国がなかなか成長できないのは、人口が多すぎるからだといつも実感している。

たとえば、インドの人口は約13・2億人（2017年現在）に達していて、中国（約13・7億人）に次いで世界第2位となっているものの、もしもインドの人口が2億人程度だとしたら、国土は広いし自然は豊かであるから、リソース（資源）が国民に充分に行き渡り、経済的にも豊かな国になっていただろう。

しかし、人口13億人以上というのがインドの現実であるから、リソースが足りなくなるのは当たり前で、これは単純な数学だ。

こうしたなか、将来的にどうなるかわからないが、日本の利点を考えてみると、まず島国で外的な脅威から守りやすいことがあげられる。

人類の長い歴史を振り返ってみると、大規模な気候変動などによって人が大量に移動して1つの文明が崩壊している。ヨーロッパの場合は西暦300年から700年にかけて、ゲルマン系、東方系、スラブ系などの民族大移動の脅威に何度もさらされた。こうしたことと比較すれば、日本は陸でつながっていない海洋国家なので地政学的に恵まれている。

また、ある程度人口が減少すれば、高度な農業技術もあるので自給自足できる可能性が大きいことも日本の利点だろう。

そもそもいまの世界の人口が多すぎるのだ。そして日本の場合もこの小さな島国に1億3000万という人が住んでいるのは多すぎる。次第に減少して自給自足が可能になる7000〜8000万ぐらいの人口になれば理想的だ。

となれば、1人ひとりのリソースが増えるので、もっと多種多様なチャレンジができるようになる。中世ヨーロッパでルネッサンスが起きたのは、ペストなどの疫病や戦争で人口が劇的に減ったことが原因の1つとされている。1人ひとりに与えられる資源が増えたおかげで、ダ・ヴィンチやミケランジェロのような天才も育つことが可能になった。中世ヨーロッパのルネッサンスのようなことが日本で起きると思うし、実はそれが少し起き始めていると私は考えている。

アップルもマイクロソフトも初めはガレージカンパニーだった

1970年代、アメリカではシリコンバレーからアップルやマイクロソフトなどの大企業が生まれたが、いずれもちょっと商売やるからガレージを使わせてという感じでスタートした、いわゆるガレージカンパニーだった。つまり、アメリカのガレージという余裕から、いまや世界を席捲《せっけん》する企業が生まれたわけだ。

私は、これと同じような余裕が、ようやく日本にも出てき始めたのではないかと思っている。

いま日本では、少子化で子供がいなくなるとか一人っ子が多いとか、あるいは働き手が少なくなるとか言って、少子化についてもネガティブにとらえる向きが多い。しかし、それは一面的な見方であるし、むしろ少子化にはどのような側面、よい面があるのかを見出して、斬新なアイデアを考えることのほうが重要だ。

少子化によってどうなるかというと、住環境が様変わりすることが一番大きい。

親の家が残る、兄弟がいないので部屋が空く、親の家があれば家賃の高いところに住む必要はない。要するに、親から譲り受けられるような住環境があるので、食べていかなくてはならないという危機感を抱く必要はなくなるし、決まり切ったような形で会社勤めをする必要もない。

日本の場合はガレージ発祥ではないケースが多いだろうが、こうした余裕からアメリカのガレージカンパニーのようにスタートした新進気鋭の企業が続々と生まれているのだ。とくにネット関連、ＡＩやＶＲ関連などで成功をおさめ、新規上場を果たしている企業が多い。

これらの企業の代表者の話を聞くと、彼らが描いている未来と日本のメディア、大手企業が考えていることは１８０度違うので、**私は日本の未来を楽観視している**。

つまり、いままさに70年代にアメリカで起きたことが日本で起きているわけだ。ホリエモン（堀江貴文氏）が、史上最年少（当時）で東証マザーズに上場（２０００年４月）を果たした頃のＩＴの黎明《れいめい》期とは、同じＩＴ分野でもその様子が激変していることにも気付かないといけないだろう。

日本は社会主義経済に近い形を実現したモデル国家

私は、日本は社会主義経済に近い形を実現した国ではないかと思っている。社会主義経済が失敗しているところは、所得が低い人たちを基準に統制しようとしたことにある。一方の資本主義経済が失敗しているところは、格差があり過ぎることだ。日本の場合は国民を真ん中で、つまり中間の所得層を基準に統制しているわけである。私は、この独自のモデルはユートピアではないにしても、社会主義国家にとっても資本主義国家にとってもいいお手本だと思っているし、人間的で日本の強みだと評価している。

１９９７年に私は日本に留学し、その1年後に東京大学に入学してから、唯一英語で行われている外国人向けの経済学の授業を受けていた。そこには交換留学生などがたくさん参加していて、先生が日本の企業の仕組みについて講義をすると、さまざまな意見が出た。日本の企業が、なかなか人をクビにしない理由が理解できなくて、利益率が低くなったらリストラを積極的に進めればいいという意見が飛び交ったりしたが、私はそうした意見に異和感を抱いた。

日本の企業は、すぐにリストラなどの効率主義で事を進めようとはしない。ある程度人に配慮しながら、できるだけ痛みを与えないという経営を続けてきたわけだ。その方法が間違っているとは決めつけられない。

もちろん、それでうまくいった企業もあるだろうし、うまくいかなかった企業もあるだろうが、私は、基本的に日本の場合はうまくいったんじゃないかと思っている。

なぜなら、日本はそういうシステムで経済発展してきたわけであるし、資源がないのに1億数千万に上る人口を抱えながら、ここまで発展してきたからだ。したがって、どの国も、日本のこの成功モデルをよく研究すべきだと思う。

よく考えてみると日本の場合、資本家をあまりつくらないということが、なかば慣習化してきたところがある。その理由として譲渡課税や相続税などの税金が非常に高いことがあげられるだろう。日本では財産を築いても大体3世代で終わっている。

欧米でも資本家になるまでには大体3世代ぐらいかかる。たとえば1代目が頑張って小さい商いをスタートさせて、2代目がそれを拡大し、3代目になってようやく資本家と言えるまでになる。それがイギリスの場合はサーの称号を、昔のドイツやオーストリアの場合はフォンの称号を与えられたりして、そうした人たちが資本の蓄積で投資を行うようになった。

日本の場合は資本家をつくらないようにして、いままで会社や財閥、そして政府をも強くしてきたと言える。しかし、それが大分行き詰まってきているので、資本家をつくらずに国民の真ん中で統制しようとしてきたこの日本特有の方法も、そろそろ軌道修正が必要かもしれない。

ただ日本が、**これまで達成してきたことは過小評価すべきではない**。ここまでインフラを整備して、1億3000万の国民に平等に提供している日本のレベルは非常に高く、私は日本の一番の強みはここにあると思っている。

日本の国民の多くは、旅行に行ったりゴルフをしたり、ピアノを弾く、釣りをするなど何らかの趣味持っていて、それは豊かさの象徴と言える。いまは電車でスマホに夢中になっている人もいるけれど、本を読んでいる人もいるし、有名な画家の展覧会が開かれたりすれば、たくさんの人が観賞に訪れるなど、多くの分野で日本人の意識のレベルは非常に高い。

したがって、日本はいろんな意味で国民1人ひとりのレベルを上げることに成功した国だと思うし、懸念されているさまざまな問題も決して悲観すべきではない。少し考え方を変えれば、日本には先述したとおり3つの資本が揃っているのだから、いまの問題もこれからの問題も、解決する糸口は簡単に探せるのではないかと私は思っている。

第2章

世界は〝新たな冷戦〟の構造へ

「イラン核合意」の行方

2018年5月8日、以前から予想されていたように、トランプ大統領はイランとの核合意からの離脱を決定し、「イラン核合意は巨大な絵空事だ」とイランを激しく批難する声明を出した。その後、トランプ大統領がどう動くのかが注目されてきたが、先行きは予測がつかない。

ちなみに「イラン核合意」とは、イランで2002年にウラン濃縮施設が見つかったことをきっかけに、イランが核兵器を持たないよう、2015年7月に米英仏独中ロおよび欧州連合（EU）とイランが合意した「包括的共同行動計画」のことを指す。

私は、アメリカの政権が民主党から共和党に代わり、中東に積極的に介入するようになったのは、当初のトランプ大統領の姿勢とは真逆であるものの、大統領が誰であろうと、それは共和党の特徴だと思っている。

ジョージ・W・ブッシュ共和党政権（2001～2009年）のときに世界を震撼させた「アメリカ同時多発テロ事件」（2001年9月11日）が発生した。その直後から、アメリカは路線を大きく変えてアフガニスタン紛争に積極的に介入していき、イラク戦争へと突入していった。

トランプ大統領はアメリカの海外におけるプレゼンス拡大をムダと考え、そうした路線を示していたのに、2017年4月以降、シリアにミサイル攻撃をかけるなど中東に直接介入するケースが増える状況になった。

1979年4月のイラン革命後、イランは世界から孤立した状況であったが、「イラン核合意」をきっかけに、原油輸出に対する経済制裁が解除されて国際社会に復帰し、国民の生活が豊かになるものと思われていた。しかし、そうはなっていない。

イランのシーア派政権は自国の経済的資源をシリア内戦に関与するため、中東におけるシーア派系の武装組織を支援するために投入してきた。したがって、こうした政権に対してイラン国民のあいだに大きな不満がたまり、2017年末から2018年初めにかけての大規模デモとして現れたように、現在のイランは、その不満がいつ爆発するか予断を許さない状況だ。

そして、トランプ大統領が後戻りすることなく、英仏独などもアメリカに同調するような形で「イラン核合意」が完全に白紙に戻った場合、パーレビ政権が革命で倒れたときのようになるのか、どのような経緯をたどるのか予測できないが、そう遠くない時点でイランのシーア派政権が倒れる可能性は否定できない。

中東情勢に大きな意味を持つサウジの方向転換

もう1つ、大きな変化がサウジアラビア（以降、サウジと表記）で起きている。

2018年4月21日に発生したリヤドの王宮での銃撃事件以来、サルマン国王が寵愛《ちょうあい》する息子のムハンマド・ビン・サルマン皇太子がメディアや公の前に姿を見せなくなったことから、同皇太子の消息に関するさまざまな憶測が飛び交った。一部のメディアは、サウジの王子たちの一部がクーデターを起こし、ムハンマド皇太子の暗殺を計画している可能性があると報じていた。

同国のナエフ元皇太子が、サルマン皇太子が銃撃により負傷した事実を認めたが、4月29日にアメリカのポンペオ国務長官がサウジを訪問した際には、同長官とサルマン国王の会談は報じられたものの、会談の席にサルマン皇太子の姿がなかったことからその安否が気遣われていた。

しかし、その後、ロシアで開催されたＦＩＦＡワールドカップのサウジ対ロシア戦をプーチン大統領とともに観戦している様子が報じられたことは、周知のとおりである。

従来、サウジでは初代国王の息子たち、つまり「建国第2世代」が順番に王位を継承してきており、現在のサルマン国王は7代目に当たる。したがって2017年6月、ムハンマド皇太子が王位継承者になることが決定されたことによって、初の「建国第3世代」の国王が誕生することになった。

サルマン国王は、すでにムハンマド皇太子に国防、経済、外交などの舵取りを任せている。2017年4月、同皇太子をトップとする「汚職対策委員会」を設立して以降、現職の閣僚を含む大勢の王族や有力者を汚職や横領の容疑で一斉に拘束し、複数の王子もその対象となった。

捜査対象者は200人以上にのぼり、汚職や横領に使われた金の総額は日本円で11兆円を上回るとされ、関係する1700以上の銀行口座が凍結されたと伝わっている。

従来、サウジでは高齢のサルマン国王が莫大な石油の富を王族に分配しながら、宗教界の同意を得て、意思決定する方法がとられていたが、このやり方では世界の変化について行けず、汚職や縁故主義もはびこっていた。

サウジは、多数の部族が協力し合って成立している王国ではあるものの、現在はサウド家のサルマン派が実権を握る形になっている。サルマン国王の独裁色が強くなると同時に、ムハンマド皇太子は、石油資源に頼ってきた経済を徹底的に改革し、産業の多角化を図るべく「ビジョン2030」という計画を先頭に立って推進している。

とはいえ、王族や有力者の汚職・横領の摘発も、こうした経済改革もトランプ大統領の強力な後ろ盾がなければできないことだ。ムハンマド皇太子とトランプ家の関係が非常に良好なこと、アメリカの政権がトランプ氏に代わって以降、原油価格が上がっていること、トランプ大統領の就任後初の外遊先がサウジであったこと等々から、現在、サウジとアメリカの関係が非常に強くなっていることが見て取れる。

トランプ大統領は2017年5月にサウジを訪問し、3800億ドル（約42兆円）におよぶ米国史上最高額となる武器売却などの契約を結んでいる。

サウジによるこの巨額の買い物はもちろん条件付きである。サウジ訪問の直後に当時のティラーソン国務長官（現在はポンペオ国務長官）は、この武器売却合意はサウジ政府が直面するイランからの悪しき影響と、サウジの国境付近に存在するイラン関連の脅威に対抗してサウジ政府を支援するためのものだと述べている。

また、トランプ大統領がサウジを訪問した際、エジプトのシーシー大統領も同席した形で、サルマン国王は首都リヤドに開設したインターネット上の過激なメッセージを常時取り締まる施設、「過激主義対策グローバルセンター」を披露した。

サウジ政府によれば、過激派組織ＩＳ（イスラム国）などの主張に沿ったメッセージがインターネットに掲載された場合、同センターのシステムが数秒以内に発見・分析して削除する一方、政府からの「脱過激化」を促すメッセージが発信されるという。

サルマン国王がトランプ大統領を前にしてこのセンターを披露したことは、これまでサウジはスンニ派の過激組織を支援し、シリアの反政府武装勢力への資金援助、武器付与等を行ってきたが、もうそうしたことはやらないという意思表示である。サウジが過激なイスラム路線から脱却することを宣言したに等しく、これは今後の中東情勢に大きな変化がもたらされることを示唆している。

こうしたことから、サウジはトランプ政権の全面的なバックアップを手に入れた。であるからこそ「サルマン革命」とも言うべき王族や有力者の汚職・横領の摘発、ムハンマド皇太子による経済改革などができていると言える。だが、まったくリスクがないわけではない。

今後、サウジは部族を統合した形よりも強い中央集権の近代国家として生まれ変わることができるのか、あるいは部族間の紛争がどこかで起きて現体制が崩れるのか、現時点ではわからない。また、トランプ政権がいつまで続くのかわからないというリスクもある。トランプ政権がなくなったときにはムハンマド皇太子は後ろ盾を失うことになり、サウジの国内情勢は一気に不安定化してしまうかもしれない。

すでに〝新冷戦〟は始まっている

イラン、サウジの問題よりもさらに広い意味でのトランプリスクがある。それは保護貿易という名の米中戦争だ。これは新しい冷戦が始まっていることの証《あかし》で、私は5年ぐらい前から始まっていると思っている。

シリアとウクライナを結ぶ線を境に東西に分かれ、地政学的な世界の断層とも言うべき、この線上にあるウクライナ、トルコ、シリア、イラク、イラン、サウジなどでさまざまな変化が起きている。今後、これらの国の情勢次第で新冷戦は大きく様変わりすることになる。

旧冷戦終了後、中国は、西側陣営に属していた国々から敵国と見なされなくなった。中国経済がペースアップしたのは、市場経済の浸透が加速した90年代初頭からだった。そこから原油価格が上がり始め、中国の経済成長は世界経済に大きなインパクトを与えた。中国は「世界の工場」と呼ばれ、安くかつ大量の製品を生産してアメリカや日本などに向けてどんどん輸出した。

しかし、そうした時代はとっくに終わり、5年ぐらい前から新冷戦が始まっている。中国とロシアは再びアメリカと覇権を争うようになり、一方のアメリカは90年代以降の単純に儲かればいいという発想ではなくなった。

アメリカという国は人的財産を世界で一番うまく使っている国で、優秀な人材の知恵を結集させて50年、100年ぐらいのロングスパンでプランを立てている。

保護貿易についても、それはすぐにアメリカの利益にならないし、むしろダメージを受けるかもしれない。しかし、何もしなければ10年後20年後に中国が経済・軍事力を伸ばしてアメリカの覇権を揺るがしかねない。このように考えて、アメリカは将来もっと大きなツケが回ってこないように長期のプランを立てて、常に緻密な計算をしている。

たとえば、2010年9月に尖閣諸島沖合で違法操業を繰り返す中国漁船が、海上保安庁の巡視船に体当たりを繰り返し、中国漁船の船長が逮捕勾留されるという事件が起きた。これに抗議した中国は「日本との閣僚級の往来を停止」「日本への中国人観光団の規模縮小」、さらには中国本土にいたフジタの社員4人を「許可なく軍事管理区域を撮影した」として身柄を拘束したり、日本にレアアースを売らないという条件などを次々に突きつけた。

その結果、日本は中国人船長を処分保留で釈放したわけだが、これは非常にみっともない話だ。日本の場合、即応的というか、とりあえず対処することを優先して物事を処理し

複眼経済塾作成

図表2　シリアとウクライナを結ぶ線で分かれる"新冷戦"の構図

てしまうところがあるが、アメリカという国はそういった物差しで物事を考えないことは確かだ。

保護貿易をめぐって米中間は熱くなる一方

現在、米中間でもめている保護貿易の問題は、世界が新冷戦を迎えていることによる現象ではあるものの、貿易戦争とは違う。

本当の貿易戦争というのは「私から物を買え」とか「貿易赤字を縮小しろ」ということではない。かつて日本も１９７０年代後半から80年代前半までのあいだ、何度も貿易摩擦を経験しているが、これらは摩擦であって戦争ではなかった。

本当の戦争の前兆として起きるのが貿易戦争で、太平洋戦争前の１９３０年代後半、アメリカが日本への原油輸出を禁ずるなど、いわゆるＡＢＣＤ（米英中蘭）包囲網と呼ばれる経済制裁を受けて日本は戦争に突入していった。

アメリカのトランプ政権は、いま中国に貿易赤字の縮小以上のことを求めている。たとえば戦略的に重要な半導体や集積回路を売らないとか、スマホなどを手掛けるＺＴＥ（Zhong Xing Telecommunication Equipment Co. Ltd.）やファーウェイ（Huawei Technologies

Co. Ltd.）などの中国企業に仕事をさせないと言っていて、その姿勢はかなり強硬だ。

先頃は、知的財産権の侵害を理由に、通商法301条に基づいて、中国からの500億ドル規模の輸入品に25％の高い関税を課す新たな制裁措置を、2018年6月6日から段階的に発動すると発表した。そして7月6日に340億ドル相当の商品に、8月23日に160億ドル相当の商品にそれぞれ25％の関税を発動させた。

これまで中国はアメリカのインフラを自由に使ってきていた。アメリカには中国からの留学生がたくさんいるし、エンジニアも相当数働いている。したがって中国への技術流出も多かった。しかし、こうしたことがこれからできなくなってくるので、今後、中国は非常に厳しい立場に追い込まれることになるだろう。

この米中間の問題はトランプリスクということではなくて、誰が政権に就いていようとアメリカという国は、重要課題に対しては国家戦略を立てて事に当たる。また、この問題に限らず、もろもろの外交問題についてはトランプ大統領だから任せやすいということもある。

2017年末、トランプ大統領は中国を訪問した際、中国から約2500億ドルの貿易契約を提示されて非常に喜び、自身の交渉能力の高さをアピールしていた。しかし、その4日後、アメリカは中国のWTO（世界貿易機関）における市場経済国ステータス要求に正式に反対している。

つまり、こうしたことがアメリカの国家戦略であって、トランプ大統領の行動や言動とは関係ない。彼は中国からお土産をもらって喜んで帰国したけれど、アメリカという国は2500億ドルなんて別にどうってことないというのが本音だ。

したがって今後、米中の対立は熱くなる一方だと思うが、その経過については単純に貿易をして儲かるか否かというレベルではなく、新たな冷戦下の出来事として考えていくべきだろう。

中国につくられたインターネットの〝鉄の壁〟

旧冷戦時代は物理的な境界線がはっきりしていたが、いまの時代はそもそも世界的にその境界線が見えなくなっていて、別な意味での境界線が拡張しつつある。とくにそれはインターネットの世界で著しく、すでに中国にはインターネットの〝**鉄の壁**〟がつくられている。

中国には外国からのインターネット情報を遮断する「グレート・ファイアウォール（電子版・万里の長城）」と呼ばれる検閲システムが存在し、VPN（仮想私設網）サービスなどを使わない限り、多くの海外メディアのニュースサイトやフェイスブック、ツイッター、ユーチューブなどの欧米系サイトにアクセスすることができない。

これまで、「米4大テック企業」と言われるマイクロソフト、アップル、フェイスブック、グーグルが中国への進出を図ってきた。

しかし、いずれの企業も中国政府の規制や検閲、知的財産権を巡るトラブルなど、さまざまなハードルと戦ってきたが、どうしてもうまく事が運ばず、グーグルの場合は8年前（2010年3月）に中国から撤退している。

これは中国の立場になってみれば、当然の成り行きということになるだろう。中国には中国独自の検索エンジンがあるわけで、自前のインターネットおよび中国企業と「米4大テック企業」などの海外企業とのあいだに〝鉄の壁〟を設けて、競争を避ける必要があった。

したがって中国は、一方では中国のテック企業への投資を拡大しつつ、BATとして知られるバイドゥ、アリババ、テンセントなど多くの企業を繁栄させている。

フェイスブックへの警告

こうしたなか、フェイスブックの創設者兼ＣＥＯのマーク・ザッカーバーグは中国びいきを隠さず、習近平国家主席とも面談を重ねており、２０１７年10月に清華大学のビジネススクールで年次総会が行われた際、そのセッションで披露された習主席のスピーチを聞くために中国を訪れた。

その様子は、ＱＵＡＲＴＺ（クォーツ）というニュースサイト（運営はアトランティックマガジンの発行元）に次のように紹介されている。

中国でのマーク・ザッカーバーグのチャーム・オフェンシブ（魅力攻勢）は止まらない。フェイスブックの創設者兼ＣＥＯは、かつて北京で有毒なスモッグの雲の下でジョギングを行った。彼は中国のトップ、習近平の最新の本を読んで従業員に勧めている。彼は公に北京語を習得しようとしている。彼は伝えられるところによると、一度、習近平に赤ちゃんの名前の提案について尋ねたことさえあるそうだ。

これらの努力はすべて、中国におけるフェイスブックのブロック解除を目標として成されているものである。ザッカーバーグはしばしば「404 not found（クライアントからのリクエストページをWebサーバーが見つけられなかったときに返すコード）」の創設者と（中国で）ジョークで呼ばれる。中国では、他の何百もの西洋のオンラインサービスが、国家のファイアウォールの背後に住む人々によって、共産主義体制を脅かすとみなされている。

―中略―

ザッカーバーグの訪問はフェイスブック社にとっても非常に重要な時期に行われた。ソーシャルメディア大手の弁護士のコリン・ストレッチは火曜、米国の選挙へのロシアの干渉に関しての公聴会を開催する上院司法委員会の前で、証言を予定している。

スピーチの中で、習は、先週終結した第19回党大会で彼の長年の働きのレポートの中で挙げた点である、「経済をさらに開放し、グローバリゼーションに貢献する」という中国の決意をくりかえした。習は、国家の「主権、安全、開発利益」を守りながら、中国は引き続き開けた国であり続ける、という台本に概ね沿っているように見えた。また、その所見にオリジナリティを付け加えるため、中国の慣用句を引用した。

「売買不成立仁義在」という慣用句は、「商談が成立せずとも友情は残る」と訳される。

それは、中国に対するザッカーバーグの、結果の出ないご機嫌取りをうまく言い表しているかもしれない。ザッカーバーグは習近平を含めた中国の最高責任者たちと友好的な会話を続けているにもかかわらず、中国国内でフェイスブックが２００９年にブロックされて以降、再稼働に向けてまったく前進できていない。当サイトで取り上げているように、ザッカーバーグが中国で市場を獲得したいなら、インターネットの自由とデータのプライバシーに関する中国の制限に対応するために、検閲された、ローカライズされた中国版フェイスブックをつくらなければならない。

そして、ザッカーバーグが中国を訪問した直後、米大統領選へのロシア介入疑惑というスキャンダルが持ち上がり、ニューズウィーク（２０１７年11月）は、その様子を次のように紹介している。

米上院司法委員会の犯罪・テロに関する小委員会は31日、昨年の米大統領選へのロシア介入疑惑を巡り公聴会を開き、フェイスブック、ツイッター、アルファベット傘下のグーグルの法律顧問が証言した。

約２時間の公聴会で議員らの質問はフェイスブックに集中。問題となっている大統領選前後の政治広告の掲載料がロシア通貨のルーブルで支払われていたことを感知できなかった経緯や、調査に時間がかかっている理由などについて厳しい追及が続いた。

フェイスブック法務顧問のコリン・ストレッチ氏は「われわれが見逃したシグナルがあった」と反省の意を示し、ロシアが関与した広告は政治的対立をあおるもので「非難されるべき」と述べた。

フェイスブックは30日、ロシアを拠点とする情報機関が2年間に約8万件の投稿を行い、米国人約1億2600万人が閲覧した可能性があると明らかにした。


これは私の推測だが、ザッカーバーグが中国を訪問した直後に、なぜこうしたスキャンダルが流されたのかというと、ザッカーバーグと中国政府とのあいだに何らかの合意が結ばれていて、スキャンダルの流布はそれに対するアメリカ国家の警告だったのではないかと思う。そもそも中国は、フェイスブックのような巨大ソーシャルメディア企業が中国政府に保有しているすべての情報を共有しない限り、中国内で自由に営業させるとは思えない。

フェイスブックは中国になんとか進出しようとしていたが、アメリカがそんなことをさせるわけにはいかないとストップをかけたわけだ。フェイスブックが、もしそれを実行しようとしたら、ザッカーバーグの立場は危ういことになっていたかもしれない。

アメリカでは、中国との保護貿易の攻防を無視してビジネスを展開しようとすると罰せられる。フェイスブックは、その警告をたぶん受けているはずで、もう中国に進出できないだろう。

アメリカは、いままでフェイスブックが何をやっていたか充分知っていたはずだ。であるのに、なぜいまさらザッカーバーグは議会（2018年4月）に呼ばれて、いろいろ問われなければならなかったのか……。

これはフェイスブックに対するアメリカ国家の警告であり、EUもフェイスブックに対して厳しくなっているから、もっと広く言えば欧米の警告だったと言える。

トランプ政権は典型的な共和党政権

前項のフェイスブックの例でわかるとおり、もはや従来のように自由経済だからどことでも貿易できるという時代ではない。

アパレルなど一般消費財の場合はいいとしても、たとえば通信、軍需、航空産業など、とくにアメリカにとって戦略的に重要なビジネスの場合は、今後、中国など旧東側の国と貿易する際には気を付けなければいけないということだ。

こうしたことはトランプリスクではあるものの、何度も繰り返してきたとおり、実はアメリカの長期的な政策であって、その時々の政権とはあまり関係ない。トランプ大統領の場合は調子に乗せやすいので、うまく彼にやらせていると考えられるし、アメリカとはそうした国なのである。

すると当然、ではトランプ大統領のバックボーンは誰だという疑問が湧いてくるだろうが、それは共和党の保守勢力であり、同党傘下のシンクタンクの面々、同党の支持母体である。

共和党の支持母体・基盤を列記すると、キリスト教原理主義者、福音派、ティーパーティー、全米ライフル協会、軍産複合体、退役軍人協会、石油産業、自動車産業、ウォール街、リバタリアン（自由至上主義者）などがあげられる。

そして、トランプが政権に就いてから何をしたかというと、サウジに行って3800億ドル（約42兆円）にのぼるアメリカ史上最大の武器販売契約を取り付けたこと、カタールなどにも武器を売っていること、原油価格が上がっていることなどで、トランプが政権に就いてから主に軍需産業と原油関連企業が息を吹き返していることから、トランプ政権は非常にわかりやすい典型的な共和党政権だと言える。

トランプ政権の〝シリコンバレーいじめ〟の真相

一方でダメージ受けているのがシリコンバレーだ。しかも、これは長期的なダメージになる可能性がある。

私は、シリコンバレーがこれまで望んできたようなインターネットによって世界が１つになるという世界観ではなく、今後、インターネットの世界も東西に分かれて対立することになると思っている。

ニューズウィーク（２０１７年9月29日号）にトランプ政権はシリコンバレーを壊そうとしているのではないかという、次のような記事が乗っていた。

トランプ政権は、シリコンバレーをトップの座から落とすためにできることをすべてやっているようだ。トランプの貿易、移民、投資に関する政策は、競合国にシリコンバレーのリーダーシップの重要な部分を奪わせ、才能を流出させ、技術の中心を、成長中の他の技術センター、たとえばいっそフランスなどに流用させようとしている。（〝起業家〈entrepreneur〉〟へかける言葉すらない、とかつてジョージ・W・ブッシュも言っていた）

シリコンバレーのハイテク産業が、突然崩壊して消滅してしまうわけではない。デトロイトの自動車産業も消えてはいない。しかし、デトロイトの世界的な覇権が終わった前後で、1970年代初頭には明確な境界線がある。シリコンバレーのCEOたち、創設者、ウィザード（コンピューターのハードウエアやソフトウエアについて知り尽くした達人）たちは、自分たちは同じように台座から転がり落ちることはないという誤った考えを植え付けられている。

——中略——

もしシリコンバレーの支配が衰えた場合、原因はシリコンバレー自身の己への行い、そしてドナルド・トランプによって何が行われたか、のせいだろう。

昨年の、株式非公開の10億ドル規模企業である〝ユニコーン企業〟の爆発とそれに伴う大騒ぎを覚えているだろうか。この傾向の背後にある金融の罠は、シリコンバレーの会社設立モデルを脅かすものだ。

ハイテク業界における米国の規制と姿勢の変化のため、成功している新興企業は株式を非公開のままにしている。新規株式公開はかつて、新興企業が成長のために資金を調達するための一般的な方法であった。しかし、アージェントインターナショナル社のレポートによれば、5000万ドル未満の上がりで上場をしたのは、1996年には

557社あったものが、2016年はたった18社だった。

——中略——

今年はじめ大統領は、ハイテク企業が才能を迎え入れることを期待する外国人労働者向けのH-1Bビザの再検討に着手した。また最近、トランプ政権は海外企業の創設者がスタートアップを米国で行いやすくさせてきた国際起業家規制（The International Entrepreneur Rule）を凍結し、破棄する可能性も出てきた。

「世界中の国々が、優秀な人材を誘致して保持し、革新的な企業を育成し、成長させるためにできるすべてをやっているいま、トランプ政権はその真逆に進む意向を表明している」とはナショナル・ベンチャー・キャピタル・アソシエーションのCEO、ボビー・フランクリンの言だ。

そして9月上旬に、トランプはDACA（若年移民に対する国外強制退去の延期措置）プログラムを終了すると宣言した。いま、彼らは追放の危機に瀕している。中にはテクノロジー企業で重要なポストを担っている従業員たちもいる。

マイクロソフトは、DACAの終了と共に強制送還されようとしているすべての従業員の訴訟費用を支払うことを約束した。マイクロソフト社のブラッド・スミス社長は、トランプの決断を「合衆国全土の大きな後退」と呼び、そして業界は、才能ある若者に合衆国に来ることをさらに思いとどまらせてしまうのではないかと懸念している。

なぜトランプ大統領が〝シリコンバレーいじめ〟をしているのかというと、シリコンバレーの政治力が強くなったことも、その大きな理由の1つだ。周知のようにシリコンバレーは、共和党と対峙する民主党色が非常に強いカリフォルニア州に位置していて、シリコンバレーに本拠を置くIT企業は民主党の支持母体になっている。

そうしたIT企業が民主党の政治力をバックボーンに、中国であろうとロシアであろうと、自由にビジネスを展開した場合のリスクを考慮すれば、共和党政権がシリコンバレーに圧力をかけるのは、むしろ当然の成り行きと読むことができる。

ちなみに、同じくカリフォルニア州にあるハリウッド、つまり映画産業もまた民主党の牙城となっている。

もう1つの大きな理由は、先の記事には、「競合国にシリコンバレーのリーダーシップの重要な部分を奪わせ、才能を流出させ、技術の中心を流用させようとしている」というように書かれているが、中国やインドを初めとする海外からのシリコンバレーへの移民を防ぎたいというのが、本当のところではないかと読むこともできる。

もちろんそこには才能や技術の流出も防ぎたいという意向もあって、国際起業家規制の凍結・破棄、そしてDACAの終了の真の狙いは、実はシリコンバレーをいじめているように見えて、逆に守ろうとしているのではないかとも思える。

つまり、シリコンバレーに世界から優秀な人材が集まらなくなるという痛みはともなうものの、インターネットの世界も東西に分かれて対立する時代を迎え、裏で政治的に大きな思惑が動いている気がしてならない。

中国のAIIBと「一帯一路」の真の狙い

すでに述べたとおり、2017年末にトランプ大統領が中国を訪問したその4日後、アメリカは中国のWTO（世界貿易機関）における市場経済国ステータス要求に正式に反対している。

おそらく中国には、このWTOへの要求を通すことによって関税の撤廃などを図り、貿易交渉を有利にしたいという思惑があったのだろうが、当然それはアメリカが嫌がるわけで、WTO加盟164カ国のなかにもアメリカに同調する国は多かったはずだ。

中国が、いままで好き勝手に知的財産権や特許権の侵害を繰り返し、コピー商品、ロゴマークなどの意匠の盗用、偽物、まがい物が横行している様子は、これまで何度もTVなどで報じられてきた。

しかし今後は、そうした不法な行為が厳しく追及されることになるので、中国は、従来のように好き勝手に商売できる時代はもう終わったと思ったほうがいい。

次いで、中国が主導するＡＩＩＢ（アジアインフラ投資銀行）について考察してみよう。ＡＩＩＢは２０１３年10月に習近平国家主席が創設を提唱したもので、２０１５年12月に57カ国を創設メンバーとして発足し、その後、２０１７年３月に日米が主導するＡＤＢ（アジア開発銀行）の67カ国・地域を上回る70カ国・地域となり、さらに85カ国から90カ国に拡大するものとされてきた。

日米は、ＡＩＩＢ発足の当初から中国のアジア地域への影響力が強くなることを懸念するとともに、その組織運営や意思決定プロセス、審査基準などが不透明などとして距離を置いており、さらなる先進国の追随に警戒感を強めてきた。

ＡＩＩＢは、とくにアジアにおけるインフラ整備のための資金ニーズを、日米主導のＡＤＢ、あるいはＩＭＦ（国際通貨基金）やＷＢ（世界銀行）に替わって賄おうとするものだ。その目的は発展途上国の国家プロジェクトなどを代替・補完的に支えることによって、中国の政治的・経済的覇権を拡大することである。

もう１つ中国には、シルクロードの復活を目指す「一帯一路」の構想があり、この構想を実現するためのインフラ整備の金融支援をＡＩＩＢが担うものとされている。

しかし、なぜ中国がシルクロードを復活させたいのかというと、これはシンプルな話で、アメリカが主導する世界貿易の支配体系を変えたいからだ。

現在、世界貿易はほとんど海を通じて行われている。世界の海は18世紀以降、アングロサクソンがスペインとの戦争に勝利してから支配してきており、以前はイギリス、いまはアメリカという形で世界貿易をコントロールする支配体系が続いている。つまり、パックスブリタニカからパックスアメリカーナへの移行だ。

この体系を中国は何とかして崩したい。したがって、習近平指導部は海洋権益の確保に力を入れるべく、2隻の空母を建造したが、両空母ともに通常動力型であり、その実力は米海軍の原子力空母に遠く及ばない。

2隻の空母とは、ウクライナから買い取って改修工事した旧ソ連製空母の「遼寧《りょうねい》」、「遼寧」をモデルに建造され、初の国産空母と謳われている「山東」のことで、両空母に続く3隻目の国産空母、さらには原子力空母の建造計画も進んでいるようだ。

また、南沙・西沙諸島における軍事的な覇権行動を見ても、中国が南シナ海における海洋権益を確保しようとしていることがよくわかるが、領海・領土の侵犯は明らかに国際条約違反であるから、中国の思いどおりにはいかない面がある。

しかし、陸に目を移すとユーラシア大陸の多くは中国とロシアが占めているので、ここにシルクロードを復活させることができれば、中国はエネルギールートも貿易ルートも確保できるようになり、ひいてはアメリカの覇権に対抗できることになる。

これが中国の「一帯一路」構想の狙いだが、中国は20年も前からこういうことを考えていて、それを知っていたアメリカは、実はこの構想を阻止するためにもアフガニスタンに侵攻したのではないかと私は思っている。

つまり、「9・11テロ」への報復措置として、国際テロ組織アルカイダを掃討するためにアメリカはアフガニスタンに侵攻したというのが、これまでの通説になっているものの、私は、当時すでにアメリカは中国のこの「一帯一路」構想に対しても、アフガニスタン侵攻という形で対抗措置をとっていたのではと推測している。

要は、アフガニスタンはシルクロードのど真ん中に位置しているわけで、中国がシルクロードを復活しようとしても、我々はここに座っているぞという意思表示がアメリカのアフガン侵攻の側面にはあったように思える。

それにしても「一帯一路」構想の先陣を切るかのように、すさまじい勢いで東欧に向かっている中国企業の様子をTVの報道番組などで見ると、製造、在庫管理、配送など、どの工程も非常にずさんで、自国の国民に対する強引なやり方を、そのまま他国に持ち込んでいる印象を受ける。

また中国は現在、「一帯一路」構想の一環としてミャンマーに石油・ガスの2つのパイプラインを敷設中である。すでにその一部は稼働しているが、これにともなって環境破壊の問題などが起きているため、ミャンマー国民の反発を買っている。

このパイプラインの目的は、中国への石油・ガスの供給ルートをできるだけ海路から陸路に変えるためで、完成すれば中国にはマラッカ海峡を経由せずに、石油・ガスを輸入できるメリットがある。

さらには、これによってアメリカの影響力が強い海域を回避する「陸路」を確保することになり、中国の原油調達リスクは低減することになる。つまり、習近平指導部の念願だったエネルギーの安全保障戦略が大きく前進するというわけだ。

ドルの価値はアメリカの海軍力が担保している

すでに触れたとおり、中国はアメリカの海洋覇権に対抗するために、着々と海軍力の増強を図り、「一帯一路」構想と相まって政治・経済・軍事のすべての面で覇権を拡張しようとしている。

したがって、もう1つ中国がやろうとしていることはドルの覇権を覆すことだ。原油がドル以外の通貨で買えるようになれば、アメリカの覇権が大きく揺らぐことになるので、まずはペトロドル（原油）の貿易体制を崩すことを目標に置いていると思われる。だが、それは不可能だ。

なぜなら、世界の基軸通貨として機能しているドルは、世界一のアメリカの経済力・軍事力、とりわけ世界最強の海軍力を担保として、その信用を確保しているからだ。ドルは価値の変動が少なく、安定していて、世界中のどの通貨よりも流通量が多く、信用力が高い。

よって、世界貿易の決済はほとんどドルで行われており、現状、欧州のユーロあるいは中国の人民元がドルに替わって基軸通貨になることはありえない。ちなみに人民元はドル、ユーロ、円やポンドなどと異なり、国際市場で他の通貨と自由に交換できない。

アメリカが世界最強の海軍力でブロックすれば、どの国も海上交易はできないし、世界貿易は不可能になる。日本がそのために戦争をして負けたことが、その証であって、海外から何も調達できなくなるし、エネルギーがなければ何もできなくなるわけで、こうしたことが、アメリカが維持している最強のドミナンス（支配力）ということだ。

当然、アメリカはこれを守るために何でもやるし、それは〝**アメリカの権利**〟のようなものでもある。逆にその権利を揺るがさない限りアメリカは何も問題にしないし、貿易も国際交流も自由に行える。

アメリカは世界一の経済力・軍事力を背景に基軸通貨ドルの信用を維持し、世界貿易の安定化を図っている。パックスアメリカーナと言われるとおり、アメリカが世界秩序のため果たしている役割は、非常にシンプルかつ明快なのである。

インドは次の中国になれるのか？

２０００〜２０１０年の10年間で中国は平均10・３％、インドは平均７・４％の経済成長を遂げた。２０１１年以降、インドの成長は減速し４〜６％のレンジに落ちたが、モディ政権が発足した２０１４年後半から再び７％台に上がった。

モディ首相は就任後、インドの成長率目標を８％と定め、今後20年間で中国の過去20年間並みの経済成長を目指すと発表し、インフラ整備をはじめとするマニフェストを掲げ次々に政策を遂行している。

中国とインドの経済成長の遂げ方の違いは、中国が輸出主導型であることに対して、インドは内需主導型だ。こうした観点からすればインドは日本企業にとってビジネスチャン

図表3　インドと中国〜人口などの比較表

中国	国	インド
13億人	人口	12億人
9.2兆ドル	GDP	1.9兆ドル
7	GDP成長率	7.5
6800ドル	1人当たりのGDP	1500ドル
282%	Debt／GDP	65%
2.2兆ドル	輸出（ドル）	3000億ドル
2000万台	年間自動車販売台数	200万台
12億	携帯電話契約数	9.4億
27万人	米国にいる留学生の数	10万人
1000万人	出稼ぎ労働者の数	1400万人
64億ドル	出稼ぎ労働者の送金額	70億ドル

ソース：Wikipedia, CIA World Factbook, 2015年時点・複眼経済塾作成
時事・国際　2017/7/18配信より

スが大きく広がる国と考えられる。

インドは世界で5番目に大きい原油輸入国であり、年間外貨収益の約半分を燃料輸入に費やしているため、原油安はインド経済にとって追い風となる。日本企業の多様なエネルギー関連技術が貢献する分野は多いはずだ。

そして、なんと言ってもインドが今後成長するためのカギは人口増加の問題にある。2030年にインドの人口は中国を抜いて世界1位になる。人口の約半分が25歳以下という点は強味ではあるが、人口増で失業問題も深刻化する可能性がある。増える人口に仕事を提供するためには経済成長率を7%以上に維持する必要がある。

図表4　インドと中国～1980年以降のGDP成長率

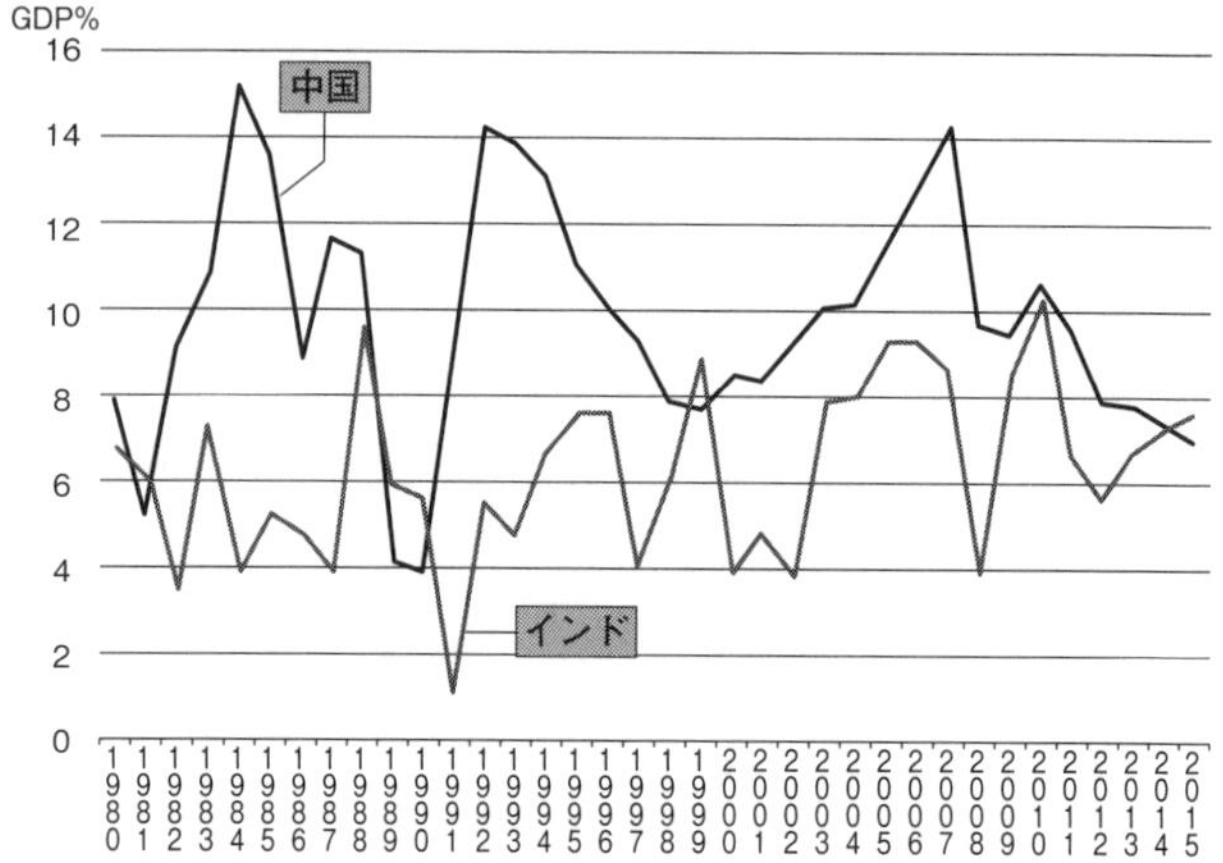

複眼経済塾作成　時事・国際　2017/7/18配信より

モディ政権は中国とも友好関係を築こうとしているが、中国とは1962年の大規模な武力衝突に代表されるように、国境問題で長年の対立がある。2015年に米海軍、インド海軍と日本の海上自衛隊がベンガル湾で共同軍事演習を実施しており、これをグローバルメディアは中国をけん制する狙いであると報じていた。

インドの2017年第1四半期のGDP成長率は前四半期の7％から6・1％に減速し、中国は6・9％だったのでインドは再び中国に追い抜かれた。しかし、これはモディ政権の500と1000ルピー紙幣を廃止するという思い切った決断による一時的な影響であったにすぎない。その後インドのGDP成長率は再び7％を超えてい

図表5　インドと中国～1990年以降の1人当たりのGDP

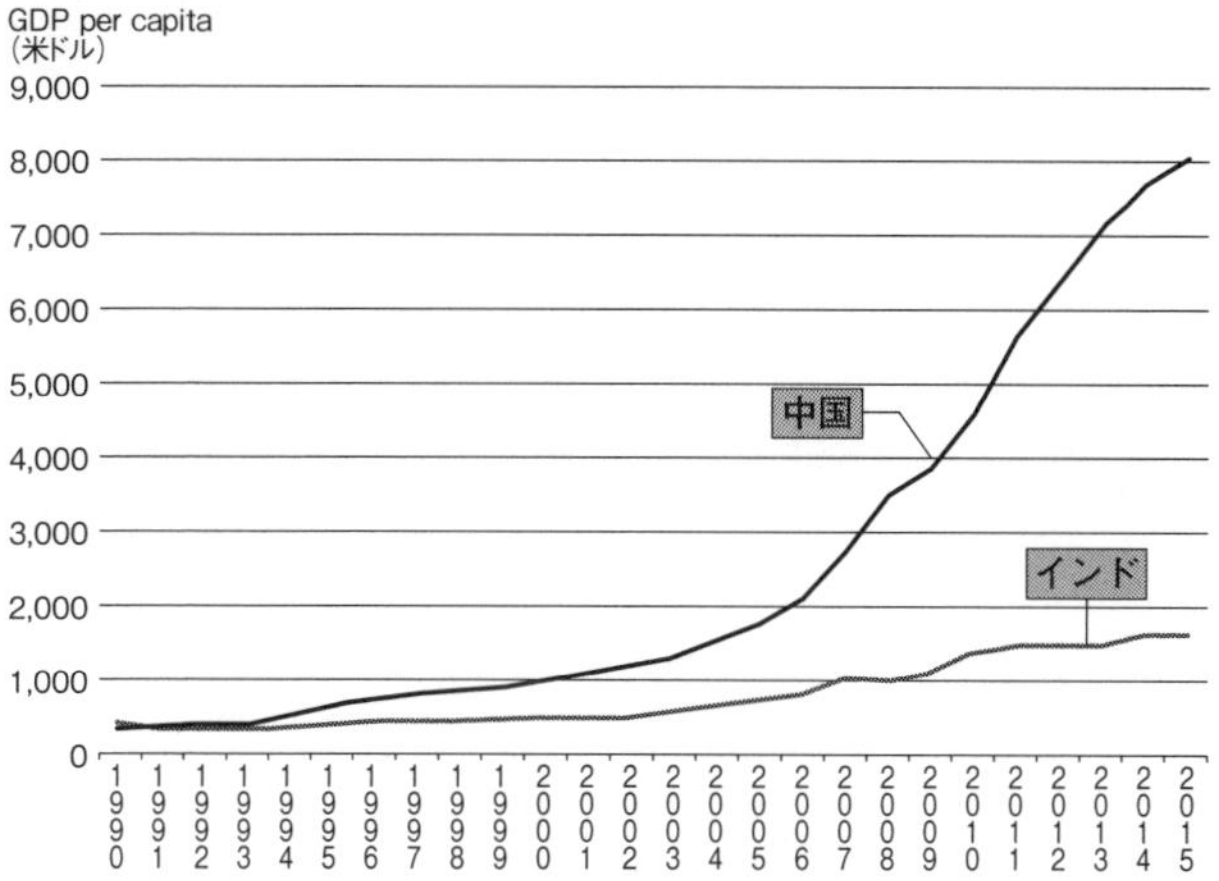

複眼経済塾作成　時事・国際　2017/7/18配信より

て、2018年の第1四半期で7・7%を記録している。インドの電子マネー化は今後の経済成長のカギを握る可能性が高いと考える。

モディ首相の選挙マニフェストの目玉はガンジス川を綺麗にすることであった。だが、これはいまだに実現されておらず、世界最大の難チャレンジの1つとされている。

ガンジス川はインドの人口の約4割に水を提供していて、ガンジス川周辺には5億人が住んでいる。ガンジス川を綺麗にするということは5億人が使う都市インフラを整備しなければならないから、容易なことではない。とはいえ、これはインドのインフラ需要がいかに大きいかを物語っている。

現在インドでは、100のスマートシティを建設する計画を掲げ、住宅都市省のもとで、水道、下水道、電気、道路など生活に不可欠な基礎的インフラを整えることを目的としたスマートシティミッションが推進されている。

また、モディ政権は、高速インターネット網をインド全土に行き渡らせる巨大プロジェクト「バーラトネット」を推進しており、このプロジェクトによって1億人の雇用が生まれ7兆円の経済効果がもたらされるとしている。

全長27万6000kmの光ファイバー回線がインド全土に張り巡らされ、ブロードバンドサービスはすでに4万8000の村で実際に使用されており、7万5000の村では敷設済みだ。さらに2019年3月までに高速ブロードバンドをすべての村落にまで行き渡らせる計画で、最終的には100万kmを超える光ファイバー回線を新たに敷設するもくろみだ。

デジタル通信事業者に対しては、回線敷設費用の75%が補助されるとしており、あらゆる階層がこのインフラを利用できるようになることで、多方面での効果が期待されている。

なぜ世界から独裁主義、共産主義がなくならないのか？

悲しいことに現在、世界の3分の1近くの人たちが独裁政権もしくは独裁傾向の強い政権下で生きている。

この問題の結論を先に言うならば、私は、それらの根底にあるのは**人口増であり、リソース（資源）が足りない**からだと思っている。リソースが足りない国・地域では独裁主義が定着しやすいし内乱や戦争が起きやすい。

旧冷戦の終焉後、イデオロギーの対立構造はなくなったとはいえ、グローバリズムが定着するなか、どの国・地域も格差という問題を抱えるようになった。

自由資本主義を標榜する国々においては右傾化とポピュリズム（大衆迎合主義）の気運が高まり、それは現在、アメリカの「一国主義」、フランスやドイツにおける極右政党の台頭といった形で顕著になっている。

そして、いまの世界を見渡してみると、新しい技術が出てきて人々の暮らしはよくなっているものの、思想・哲学・宗教などは、ほぼ従来の考え方を踏襲していて、時代に大きなインパクトを与えるような思想家、哲学者、宗教家はいないし、とくに思想的に人類はほとんど進化していないと思われる。

こうした状況になると、拠《よ》り所を失ったようなもので、それを過去に求めて古い思想や経済学がよみがえったり、ニューリベラリズム（新自由主義）を進め過ぎたために貧困が増えたということでポピュリズムが台頭したりする。なかには帝政時代を懐かしんだり、共産主義体制への復古願望を持つ人がいたりするし、あるいは民族主義や宗教的原理主義に傾倒していく国・地域もある。

すると、世界各地で紛争が起きることになって避難民、そして移民が増え、今度は逆に反移民運動が高まって極右政党が強くなるということで、要は、人間はそんなに変わらないというか、変われないということだ。

11世紀末から13世紀末までの約200年間、ヨーロッパのキリスト教国は、人口が爆発的に増えてリソースが足りなくなったので、聖地エルサレム奪還を目的にしていたとはいえ、口減らしのために多くの人を十字軍として中東に送り、見殺しにすると同時に、中東の人たちに対しても苦痛を与えた。

その後、十字軍遠征がなくなりヨーロッパに余裕が生まれ、ルネッサンスが勃興してダ・ヴィンチやミケランジェロが登場し、中世ヨーロッパの文化が花開いていった。

つまり、総じて言えることは、世界のイデオロギーも何もかも問題の底にあるのはすべて人口増であって、リソースが不足すれば余裕がなくなり、何もかもが偏ってしまうということだ。

一方、産業革命が起こっても、十字軍の時代とあまり変わっていなかったという意見もあるようだ。その理由は近世に入っても植民地主義が続いたことなのだが、植民地主義はヨーロッパの商業主義が非常に悪い形で現れたものだったと言える。

実は、大英帝国がパックスブリタニカと言われているように世界の覇権を握っていた時代は、戦争や植民地化を遂行しなくても、あの東インド会社に代表されるように、貿易だけで栄えていたのではないかという説がある。

では、なぜそうしないで戦争をしたかというと、相手を説得して貿易をするよりも、侵略・略奪してしまうほうがイージーだったからだ。

結局、現代になっても、さまざまな技術がもたらされているにもかかわらず、人間の元々の意識自体は十字軍の時代とそんなに変わっていないから、いまだに独裁主義が続いているということだ。

第3章

仮想通貨とVIXショック

仮想通貨ビットコインと電子マネーの違い

仮想通貨は依然として大きな話題になっている。その代表であるビットコインが人気を集めているが、実際に仮想通貨の仕組みを理解している人は少ない。また、その仕組みを知らないからこそ仮想通貨にミステリアスで怪しいイメージがつきまとっているのだろう。

日本は仮想通貨が浸透していないものの、電子マネーはかなり普及している。では、そもそも電子マネーとビットコインの違いは何か？

日本で使用されている電子マネーは基本的に日本円の代わりである。スイカやパスモは実際のおカネを入れてチャージするし、チャージした分の金額を私たちは使用している。電子マネーでポイントがたまるなどの特典はあるが、もちろんチャージした金額は勝手に増えたり減ったりしない。

一方、ビットコインは日本円にリンクしているわけではなく、1ビットコイン（ｂｔｃ）という通貨の単位が存在し、通常の為替のように日々変動する交換レートで取引される。つまり、実物がないものの性質は外国為替と変わらないのが特徴である。

世界でビットコインが初めて実際の取引に使われたのは２０１０年で、当時、1ビットコインはわずか10円程度だった。1万ビットコインで購入されたピッツァは最初のビットコイン取引だとされている。ちなみに1万ｂｔｃはビットコインの最高値のときに２００億円以上もしていた。

ビットコインについて、実体のない、手で触れられないものなど信用できないと思う人たちの気持ちは理解できる。しかし、上場会社の株式もいまでは電子化されていて、昔のような株券は存在していない。それでも投資家は何一つ不自由しているわけではない。

また、実はあまり気づいていないが、我々の給料もほとんど仮想通貨のようなものである。毎月振り込まれる給料を全額ＡＴＭから引き出して使う人は、まずいないだろうし、家賃、電気・水道・ガス代、あるいはクレジットカードの分などが引き落とされるわけで、考え方によっては給料も一種の仮想通貨と考えられる。

将来、ビットコインが本当の勝ち組になれるかどうかわからないという意見もあり、仮想通貨はほかにも存在するので、ビットコインよりも技術的に優れているものがあるとも言われている。

さらには近い将来に現金が完全になくなるという意見もあって、これには私も賛同する。マイナス金利の導入はこの流れを加速させた。マイナス金利は銀行におカネを預金したら減ることを意味するので、預金者はおカネを銀行に預けずに、タンス預金にするという選択もある。したがって、これを防ぐために現金自体を廃止すべきというアイデアがある。

シティグループのチーフエコノミストであるウィレム・ブイター氏によれば、預金金利がマイナス1%を下回った場合に人々は銀行に預金しなくなるという。そのときは銀行の破綻を防ぐために現金を廃止する必要が出てくるという。

ビットコインの時価総額は2018年8月の時点で約15兆円である、特に2017年に入ってから価格が高騰し、時価総額と1日の売買高も5000億円以上に増えた。

しかし、外国為替証拠金取引、つまりFXの1日の売買高が約500兆円であることを考えると、ビットコインの市場規模はまだかなり小さいことがわかる。ビットコインは今後時価総額が増えるかわからないが、仮想通貨全体としてはまだまだ成長余地はあると考える。

仮想通貨とブロックチェーン

私は、2018年1月、BS12チャンネルの番組『マーケットアナライズplust』にゲスト出演して、「仮想通貨とブロックチェーン」について解説した。

その際、要点を以下のように箇条書きにしたフリップを示しながら解説しているが、本書においても理解を深めていただくために掲載しておきたい。なお、これと同様のものを複眼経済塾のＨＰ（https://www.millioneyes.jp）でも紹介している。

仮想通貨とは何か？ ブロックチェーンとは何か？

●仮想通貨は法定通貨に対して特定国家による価値保証を持たない通貨のことである（Wikipediaから）。

●ブロックチェーンとは、分散型台帳である。ブロックに特定時点における取引データが記録される。過去ブロックは番号が付けられて、前ブロックにリンクされる。ブロックの中のデータは一度リンクされると永遠に変更することができない。データはネットワークに参加している全員で共有することからハッキングが不可能とされている。

●ブロックチェーンはビットコインなどの仮想通貨の取引や暗号化に使用されると同時に、スマート契約と言われるさまざまな取引の自動化に採用されている。

ビットコインのマイニングとは？

●ビットコインはマイニングによって稼ぐことができる。マイニングとは新しいブロックをつくることである。売買の記録を承認し、前ブロックにリンクすることによってビットコインが生まれる。

●この承認プロセスを行っている者への報酬として新規に発行されたビットコインが渡される。ブロック報酬は21万ブロックで半減する（約4年間）。合計で発行されるビットコイン数は２１００万枚であり、その数に近づけば近づくほど報酬が下がるということである。

●報酬がほしい者が多いので、誰がブロックをつくるのかを決めるために、承認者同士でパズル解きの競争を行う。このパズルは複雑なプログラムであり、先にパズルを解いた者がブロックをつくり、ビットコインをゲットする。

ビットコインの先物が登場

●２０１７年12月10日シカゴオプション取引所にビットコインの先物が上場した。続いて２０１７年12月17日にはシカゴ・マーカンタイル取引所に上場した。先物の上場は何を意味するか？

・ポジティブな面
⇓機関投資家の資金がビットコインに流れやすくなる
⇓流動性が増える

⇓急な動きに対してサーキットブレーカーが適応される
（※サーキットブレーカー：株式市場や先物取引において価格が一定以上の変動を起こした場合に、強制的に取引を止めるなどの措置を採る制度）
⇓アービトラージ取引が可能になる
（※アービトラージ取引：価格変動において同じような性格を持つ2つの商品間で、割安なほうを買う一方、割高なほうを売ることで、価格差が解消した時点で反対売買を行って利益を確定する取引）
・ネガティブな面
⇓ビットコインの空売りが可能になる
⇓投機的な動きが好きなヘッジファンドが集まる

ビットコインはバブルなのか？

2017年4月25日に四季報オンラインに書いたコラムで、ビットコインの動きは初動であることを指摘した。

その後価格は10倍に以上に膨れ上がって、一時1ビットコインは200万円を超えた。

図表6　1970年代のゴールド価格

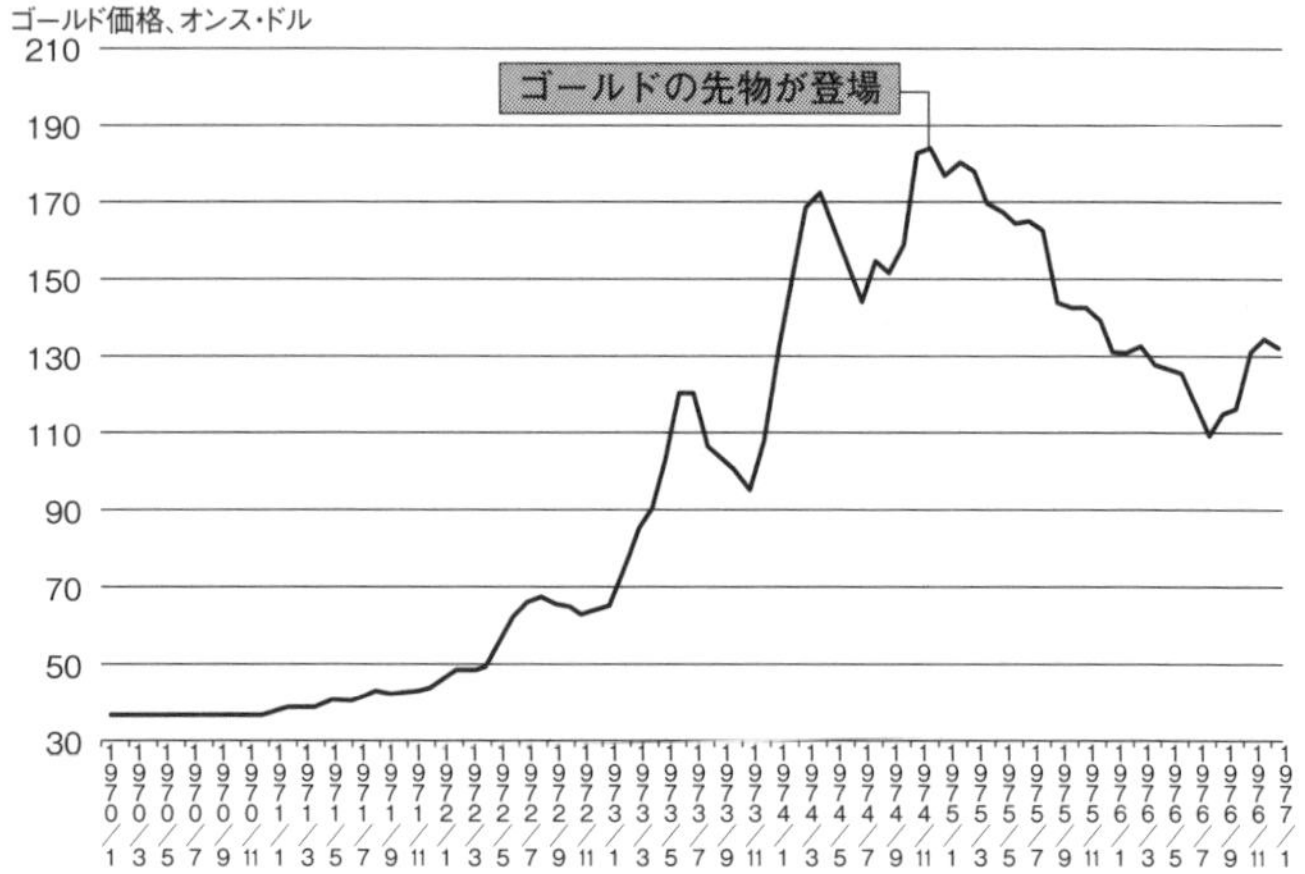

複眼経済塾作成　時事・国際　2018/1/15配信より

図表7　ビットコイン価格（2017年1月から）

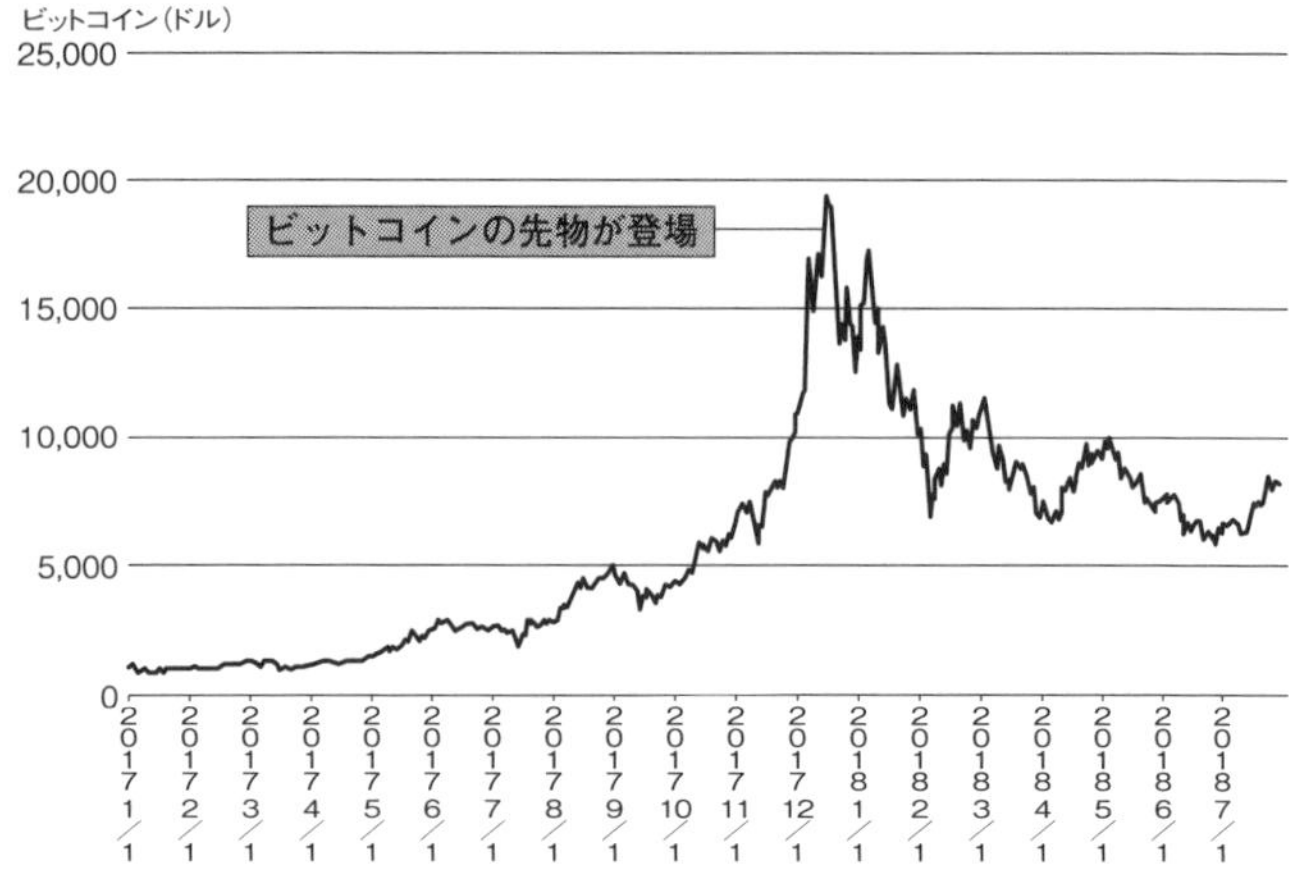

複眼経済塾作成　時事・国際　2018/1/15配信より

しかし、その時点でビットコインはバブルの兆候を見せていることを指摘し、先物の上場がきっかけ価格が大きく下がる可能性が高いことも指摘した。

ビットコインは最高値の3分の1まで短期間で下がったが、その前から価格が不安定で高騰と急落を繰り返していた。

2017年9月14日にも中国最大のバーチャルコイン取引所であるBTCCが国内のオペレーションを停止すると発表したことがきっかけになり、9月2日につけた5014ドルから2週間も経たないうちに約25％下落しているし、2017年7月も35％下落して、8月に反発し最高値を更新した。2013年のときもいったん1000ドルを超えていた価格は180ドルまで下落するという事態が起きている（図8を参照）。

これらはもちろん市場の規模が大きく関係している。前述しているようにビットコインの1日の売買高がFXの売買高に比べ、まだまだ小さい。つまり市場はまだ浅いと考えたほうが無難である。

仮想通貨の存在を可能にしたブロックチェーン技術の誕生は、インターネットの誕生と同じレベルのインパクトを人類に与えると見ている学者もいる。

一方でブロックチェーンの誕生から10年経っているのに大した応用がなく、単なるバブルだと批判する人たちもいる。彼らはブロックチェーンが本当に画期的なアイデアなら10

図表8　ビットコイン価格　（直近1年間）

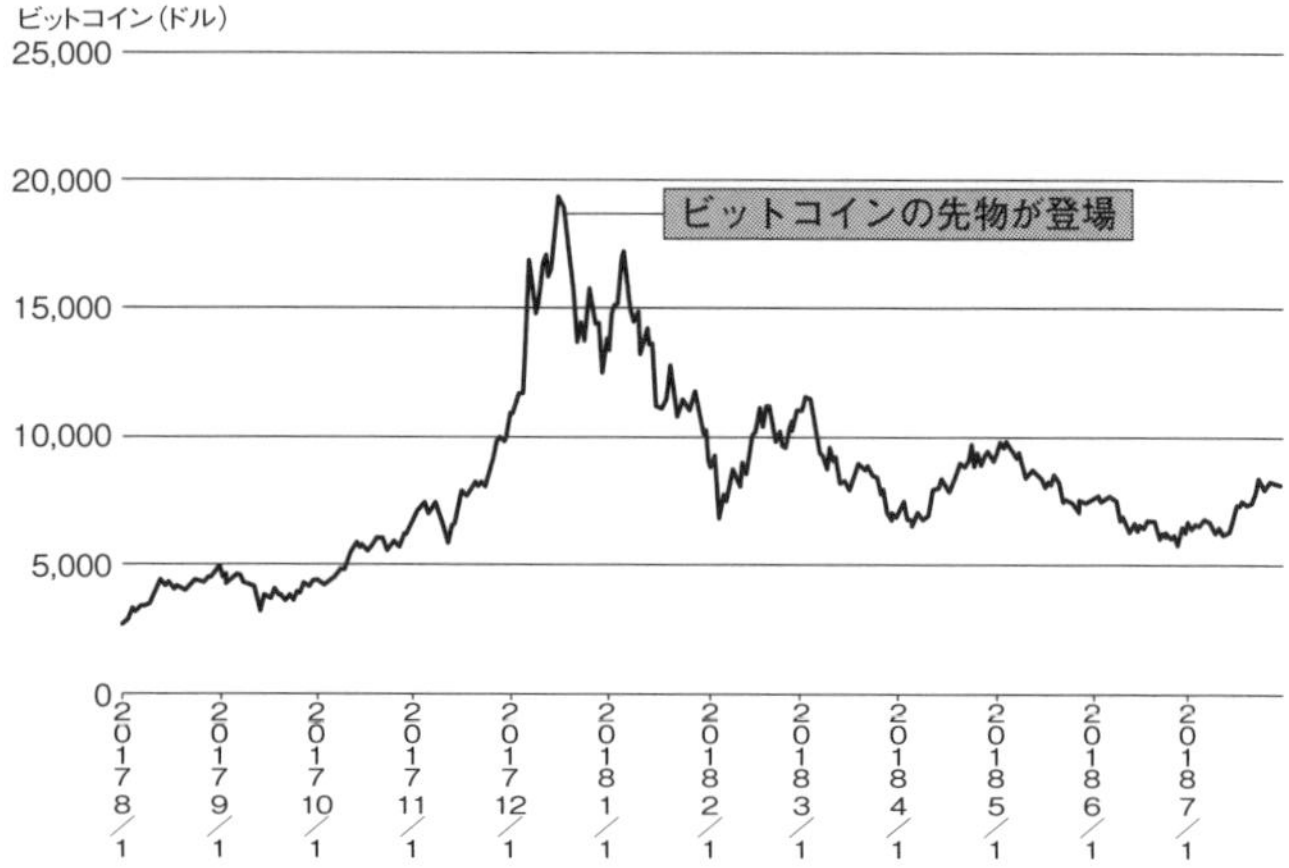

複眼経済塾作成　時事・国際　2018/1/15配信より

年で世界を大きく変えていたであろうという。たとえばスマホが誕生してわずか10年だが、世界に大きなインパクトを与えた。しかし、この考え方はあまり正しくない。

確かにスマホ自体の誕生が10年前だが、携帯電話は80年代から存在していたし、PDAといわれた携帯情報端末はずっと前からあった。インターネットも10年で流行ったものではない。インターネットの研究が60年代に始まって、70年代に技術の中心となるプロトコールが開発された。その時点からグーグルの誕生まで実に20年以上の年月が立ったのである。

したがって、たったの10年間でブロックチェーンが役に立たないと決めつけるのはあまり意味がないと考える。

国や中央機関にコントロールされない、外からハッキングも不可能な電子帳簿という概念は非常に魅力的で、金融システムにおける本当のグローバル化を意味している。もちろんブロックチェーンが現時点で世界のマネタリーシステムを変えられるとは思わないし、ビットコインやその他の仮想通貨は世界の基軸通貨になるとも思わない。ドルが世界の基軸通貨であることと米軍が世界最強の軍隊であることは深い関係で結ばれている。その関係を理解しないで理想論だけで物事を語っても意味がないのである。しかし、ブロックチェーンという技術は今後いろいろな分野で活躍すると考える。

ブロックチェーンの技術的な評価とビットコインや他の仮想通貨の現時点の価格は別の問題として考えたほうがいい。

ビットコイン取引の全シェアの98%を占めていた中国

仮想通貨がここまでポピュラーになった背景に中国がある。近年の経済成長で億万長者がたくさん生まれた中国だが、金融システムの統制が非常に厳しいので資金の動きがかなり制限されている国でもある。

とくに国内にある資金を海外に動かすのは至難の業だ。近年、中国政府は中国からの資金流出に非常にシビアになっていて、個人による海外への一定金額以上の資金移動はほぼ不可能になっている。

それだけではなく、中国企業による海外企業とのM&Aも2017年に入ってから中央政府による許可制にした。これは海外に資金を逃がしたい企業オーナーが、自社のセクターと関係のない海外企業を買収してまで財産を中国から移動させようとしていたからである。

ビットコインなどの仮想通貨はどの政府にもコントロールされないというユニークな特徴から、中国の人々に当初から愛用され、資金の移動手段として使用されてきた。また、ビットコインのマイニングには処理能力の高いパソコンを長時間稼働させる必要があるため、電気代がかかる。中国は電気代が安いことから、ビットコインのマイニング活動の大部分は中国で行われてきた。

現在、中国から海外に資金を移動させる手段はほとんど閉ざされているので、残るは仮想通貨のみといっても過言ではない。ビットコインが世界的にポピュラーになるまで人民元建てのビットコイン取引は全体の98％を占めるという異例の状況であった。人民元建て取引のシェアはその後10％台まで下落しているが、中国政府の動向が今後もビットコインの価格に大きな影響を与えていることは変わらない。

ブロックチェーン技術の未来は明るいと考えているが、投資手段としてのリスクも高いことを考慮したほうが賢明であろう。

私は投資で1つのゴールデンルールを持っている。それは中国に関連している投資は注意が必要であること。中国は新しい投資先に投資が殺到し、バブルを形成しやすい傾向がある。90年代初頭、香港市場に上場した中国株は軒並み上昇し、1997年に大きなバブル相場を迎えた。しかし、アジア通貨危機と共に香港のH株（中国本土株）も急落し、10年後の2007年に至っても当時の最高値に遠く及ばない株が多かった。

バブルのときは高値を買わないのが鉄則だが、どのポイントが高値なのかを見極めるのが難しい。高いと思って売ってもその後大きく上昇することがしばしばある。1929年の株価大暴落を事前に予想できた投資家が、そのヒントを熱心に株の話をする靴磨きの少年から得たという話は有名である。

つまり、普段投資にまったく関心のない人まで熱心になって、大きな金額を投じるようになったら、すでにバブルになっている可能性があるので要注意ということだ。

仮想通貨については2017年の10月以降にまったく投資に関心のない人から質問されるようになったので、非常に危機感を覚えた。それを複眼経済塾の塾生をはじめ、メディアなどでも発言した。投機化した資産というのは非常に危険なものである。しかも、投機化した資産に何らかの機能性がなくてもいい。仮想通貨でもポケモンカードでもなんでもいいのである。かつてはチューリップの球根1つで一軒家が買えるというバブルが起きたほどである。

私はビットコイン投資のもっとも大きな問題点は、適正価格を計算する手段がないことだと思っている。要は、**バリュエーション**ができないのだ。株式の場合はいろいろな評価方法が存在し、さまざまな角度からある企業の株が割高なのか、割安なのかを判断することができる。しかし、ビットコインにはそのような適正価格を計るさまざまな手段が存在しない。したがって、現在の市場価格が高いのか安いのかを判断する材料がないのである。

誤解してほしくないのは、私はビットコインのようなものに投資すべきではないと断定しているわけではない。

私はブロックチェーン技術のポテンシャルの大きさについては、日本でもっとも早くから気づいた人の1人だと自負している。野村證券時代に当時世界最大のビットコイン取引所であったマウントゴックスのマルク・カルプレス社長を野村に招いて講演をしてもらうという企画を立てたほどである。その企画はいろいろなトラブルがあり、結局実現できなかった。後にマウントゴックスがスキャンダルを起こしたので結果的にはやらなくてよかったのではあるが。

仮想通貨は分散投資の一貫として今後ポートフォリオに追加する必要があるかもしれない。しかし、あくまでもポートフォリオの一部として管理し、全財産で勝負すべきではないと考えている。

仮想通貨ならUSB1つに全財産を入れて持ち運べる

仮想通貨であれば、大量の資産を自由に動かすことができる。何かあった場合、変な話、金や紙幣と違ってUSB1つに自分の全財産入れて持ち運べるというのは、この手段しかないだろう。

私は金の先物を扱っている会社にもセミナーで行くことがあるので、実際、それぞれ大きさの違う金のインゴットを持って重さを体感したことがある。現在、金の価格は100グラムで約50万円だから、10キロ持ったとして約5000万円になるとはいえ、10キロを持ち運ぶのは結構たいへんだ。

紙幣の場合は、たとえば1億円分の札束を持ち運ぼうとしても結構な量と重さになるのでもっと厄介だろう。私は小樽の日銀金融資料館で実際に1億円を持ってみたが、これは

小樽の日銀資料館で1億円の重さを体感

結構重かったし、運ぶのがたいへんであることも体感した。しかし、仮想通貨ならUSBに入れて持ち運べるし、しかも自分以外、誰も取り出すことができない。

ただその場合、USBを持っている人が事故にあって亡くなったりすれば、その人しかパスワードがわからないので、誰も取り出せないことになって、そのまま仮想通貨に替えた資産が消滅してしまうという問題がある。つまり、それぐらい仮想通貨のシステムの安全性は高いということだ。

また、仮想通貨は口座から口座への移動が簡単にできるので非常に便利だ。とくに海外に送金する場合、それを実感する。外国にいる自分の家族に仕送りをすることが結構あるけれども、銀行から送金しようとすると非常に面倒で、手数料が高い上に為替の手数料も取られて、たいへんお金がかかる。しかし、ビットコインであれば自分の口座から一瞬で送ることができて、便利この上ない。

したがって、この仮想通貨の利便性は、お金を隠したいとかマネーロンダリングしたいとか、あるいはお金を国外に自由に持ち出せないという人たちにとっても、格好のシステムになっているわけで、一方では悪用されるケースもあるということだ。とくに独裁体制の中国では、自分の資産を国外に持ち出そうとしても厳しい規制がかかってしまうため、世界で仮想通貨に一番先に関心を持ったのは中国人であるというのは理解できる。

これ以外の仮想通貨の問題点は何かというと、システムそのものよりも取引所が安全ではないということが挙げられる。

取引所を運営している企業は、ほとんど若い経営者が運営している新進気鋭の企業で、企業経営の感覚が希薄なために、セキュリティーがしっかりしていないなど、リスク管理体制が甘いという問題がある。

とはいえ、もちろんリスク管理がしっかりしている企業はある。そうした企業では、たとえばユーザーの財産データをきちんと保存し、インターネットのプログラムも別々に保存して、何重にもブロックを掛けて外部からサーバーに侵入できないなどの対応はされている。

しかし、デジタル金庫自体をインターネットにつないだままなど、そうした不備を見逃してしまっていると、2018年1月に、円に換算して約580億円分のNEMの消失を出して世間を騒がせた、仮想通貨取引所のコインチェックのような事件が起きてしまう。

仮想通貨NEMが580億円相当消失した事件

コインチェックの管理体制が甘かったために先のような事件が起きてしまったが、事件後、2018年4月に同社はインターネット証券の大手、マネックスグループの完全子会社となって業務を再開している。

この事件についてNHKの報道番組『クローズアップ現代』が『ハッカーvsホワイトハッカー! 仮想通貨〝580億円〟を追え』(2月28日放映)という追跡ドキュメンタリーを制作していて、ホワイトハッカーと呼ばれるプログラマーたちの追跡劇は手に汗握るものだった。

ハッカーがコインチェックのNEMサーバーに侵入した手口、痕跡を消すために5・8億NEM(約580億円)が何回も無数の口座に細分化されたり、世界中の約200カ所に及ぶ取引所に何回も集約されたりする過程、そして最終的にアメリカの取引所でマネーロンダリングが完了するまでの様子が詳細にレポートされていた。ちなみに犯行者は不明のままに終わったが。

警視庁の調査によれば、外部攻撃者が複数のコインチェックの従業員に宛てた電子メールで、同社支給の社内のパソコン複数台にマルウェア（悪意のあるソフトウェア）を仕込み、それを使ってNEMサーバーから秘密鍵が奪われて、わずか5分程度でコインチェックの5・8億NEMのほぼすべてが流出したことが判明している。

警視庁は、過去に兆候が見当たらなかったことと、どこからきたメールかは判明していることについては発表しているが、海外からかどうかも含めて捜査の関係で詳細は公表できないとしている。

コインチェックは2012年に設立されていて、その前身のレジュプレスという会社は、コインチェックの創業者が東京工業大学時代に起業している。したがって、まだ社長が27歳という若さであるにもかかわらず、同社は短期間のうちに極めて多額のお金を稼いだと言えるものの、まったくセキュリティーの面が甘かったと言うほかない。

たとえばコインチェックの2017年の決算書を見ると、コストは非常に少なく、2017年3月期の売上高は約772億円以上、総資産は約38億7000万円に上っている。普通、これほど業績がいい企業であれば、それなりにコストをかけてコンプライアンス（法令遵守）の面をきちんと整えるだろう。

つまり、こうした事件の要因は多くの場合、よくよく考えてみると技術のせいとは限らない。信用の大きいはずの銀行、証券会社などもこれまで何度も不祥事を起こしており、そのたびにコンプライアンスを再構築している。

このコインチェックの事件をきっかけに、仮想通貨を扱う業者のセキュリティー対策がしっかりするようになった。コンプライアンスの面も見直されて、きちんと整えられていくと思うが、ビットコインなどの仮想通貨は、投機的な意味での投資対象としてはあまり価値を置くべきではないだろう。

私は「仮想通貨に投資したいが、何に投資すればいいのか」と聞いてくる人に対して、仮想通貨は何に投資するかではなくて、どこの取引所を使うかを考えたほうがよく、できれば大きい会社を利用したほうがいいと答えるようにしている。

なぜならば、何かあったときに「倒産しました。お金がなくなりました」では困るわけだ。セキュリティーもコンプライアンスもしっかりしていて、投資した分をきちんと返してくれる会社を選んだほうが安心できるからだ。

まだ黎明期の仮想通貨～その投資スタンス

すでに説明したように、電子マネーは基本的に価値が変わらないが、仮想通貨の場合は取引をされているコモディティなので、毎日価格が上下するところがポイントだ。

ただ、これまでのように投機化して価格が安定しなければ、仮想通貨の普及は妨げられる。

やはり、ある程度価格が安定しないと仮想通貨は決済手段として使えない。取引量が増える分にはいいだろうが、買ったものの売るまでにどんどん取引量が少なくなって、価格変動だけが激しいのでは問題がある。日本円の場合も、もちろん毎日変動しているが、そんなに大きく相場が動くことはない。

このように考えると仮想通貨は、まだ黎明期《れいめい》にあると言える。

しかし、よく考えてみるとＩＴの場合も最初はこんなものだった。当初、ＩＴ企業が次々に登場して、どの株価も急上昇してＩＴバブルが起きた。そして、過当競争のなかで潰れる企業が続出し、スキャンダルが起きたり経営者が逮捕されるということもあった。いまはＧｏｏｇｌｅ、Ａｍａｚｏｎ、Ｆａｃｅｂｏｏｋなど一握りの会社しか残っていない。

したがって、これと似たような状況が仮想通貨にも訪れる可能性は大きく、取引所はどんどん淘汰されて大きいところしか残らなくなり、現在何種類もあるコインのなかで使えないものが出てきて主要なコインしか残らないことになるだろう。また、コインチェックのような不祥事がこれから起きる可能性もある。

とはいえ、個人投資家のあいだではビットコインなど仮想通貨への関心が根強いので、一応先行きを見ておきたい。

ビットコイン相場の先行きを見るのに参考になるチャートは2つある。1つは金の価格、もう1つがナスダック総合株価指数で、とくに金の値動きはビットコインに非常に似ている（図表9を参照）。

金の価格変動については、1974年当時は経済不安があったため急速に買われ、それが同年の先物登場と同時に急落した点までビットコインと同じだ。ナスダック総合株価指数については、半導体関連などが上場しているものの、ビットコインをITと金融が融合したフィンテック（金融を意味するファイナンス〈Finance〉と技術を意味するテクノロジー〈Technology〉を合わせた造語）の産物と考えれば、この連動性は納得がいく。

では、今後どうなるのかと言うと、金の価格は1974年を境に3年半もみ合ったのちに再上昇に転じたが、ビットコインがこれと同様の動きをするには何かしらブレークスル

図表9　ビットコインと金のチャートは似ている

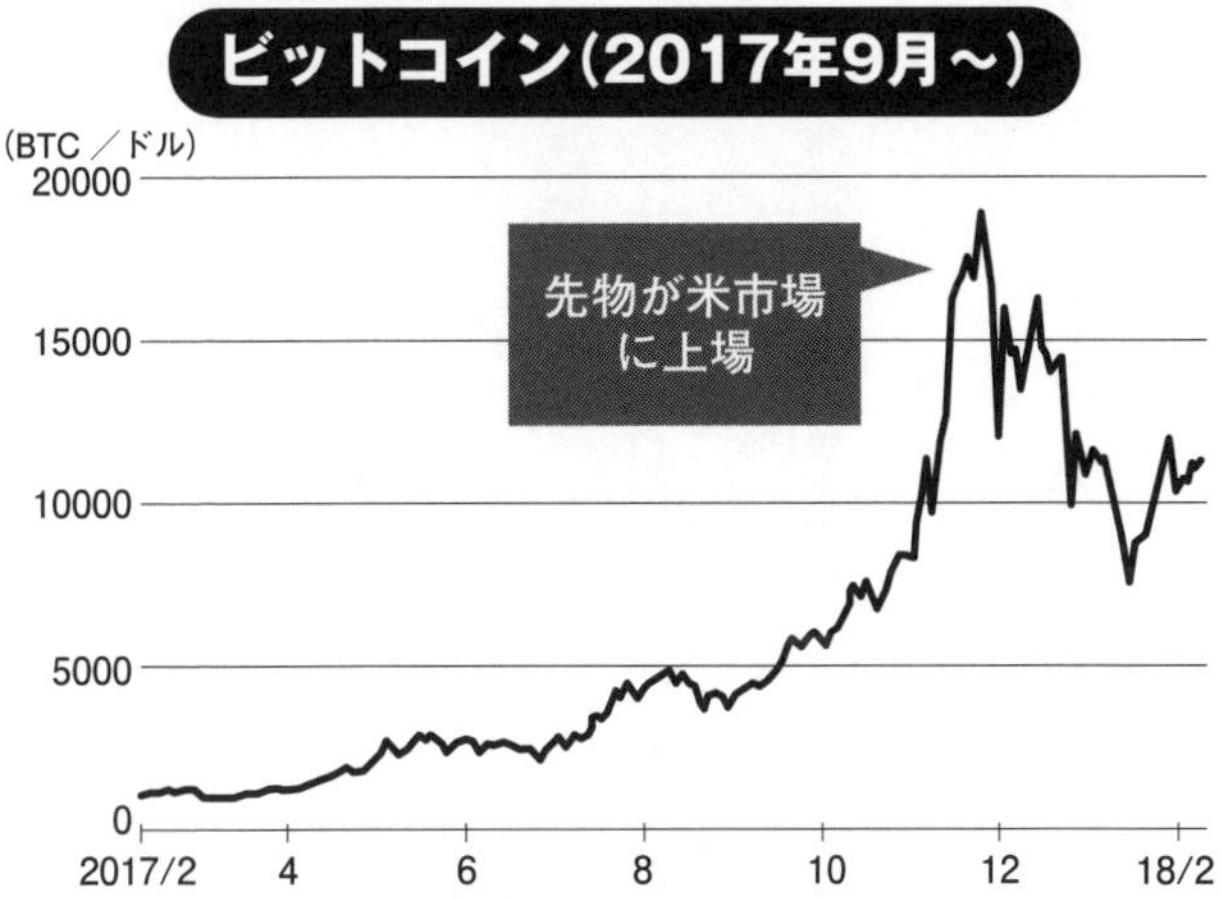

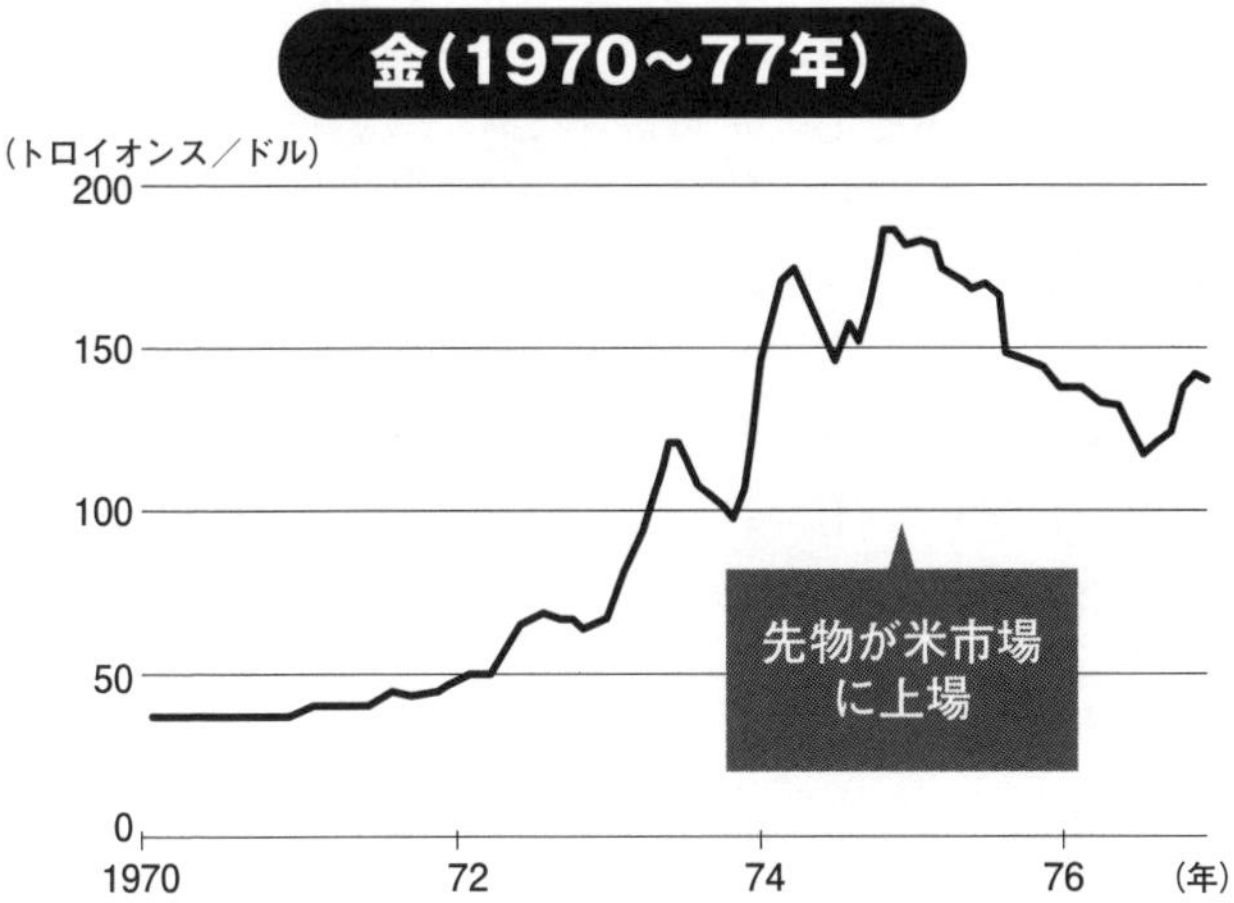

『日経マネー』2018年5月号より

ーが必要になる。

なぜなら、ビットコインを生み出すコストは重く、繰り返しになるが決済手段として使えないからで、ビットコインを生産するのに要する電力が本源的価値とすれば、適正価格はせいぜい15～20万円といったところだ。とすれば大きな材料が現れない限り大幅な上昇は見込みにくい。

ただ、ビットコインを支えるブロックチェーンの技術は画期的であるから、その活用で国際送金が迅速かつ低コストでできるようになり、また、契約自体が著しく簡素化されることになるかもしれない。ということは、技術自体のことを考えるとビットコインに代わるものが、かつての金のように価値を持つような時代がくる可能性があるということだ。

ビットコインなどの仮想通貨に投資するのであれば分散投資の一環として臨むことが重要だ。金、株、債券、仮想通貨を少しずつ持つようにして、財産を仮想通貨だけに集中しないことを心掛けてほしい。

2018年2月の「VIXショック」は次の危機の前ぶれか？

2018年2月5日、わずか10分で800ドル余りが急落するという「VIXショック」

が起きて世界の株式市場を震撼させた。

この下落の原因は、低ボラティリティ（変動率）を前提としたＥＴＮ（上場投資証券）、ＥＴＰ（上場取引型金融商品）、ＥＴＦ（上場投資信託）などの派生商品が流行って、大量の資金がこれらに流入したことだ。

ＶＩＸショック以前の3年のＶＩＸの平均値は低水準で推移していたため、低ボラティリティであれば利回りが取れるこの種の商品にたいへん人気が集中していた。米ハーバード大学などの学業ファンドやハワイ州の年金基金のような権威ある大口投資家まで手を出していた。

重要なのは、この種の派生商品が上昇すると自分たちの損失をヘッジするためにＶＩＸ先物を買い始めることで、一度何らかの理由で相場が下落してボラティリティが上昇するとＶＩＸ先物買いが発生し、それがさらに相場下落とＶＩＸ上昇を促すのだ。

そして、このＶＩＸ上昇に反応したアルゴリズム投資家が損失を回避するためにリスク資産を売るという売りのループ現象が起きて、ＶＩＸショックが発生した。

2月、ＶＩＸは突如急騰した。

ＶＩＸが相場急落を引き起こしたのは、これが初のケースで、アルゴリズム取引がトリガーになったという意味では、１９８７年のブラックマンデーが思い出される。

図表10　2月、VIXは突如急騰した

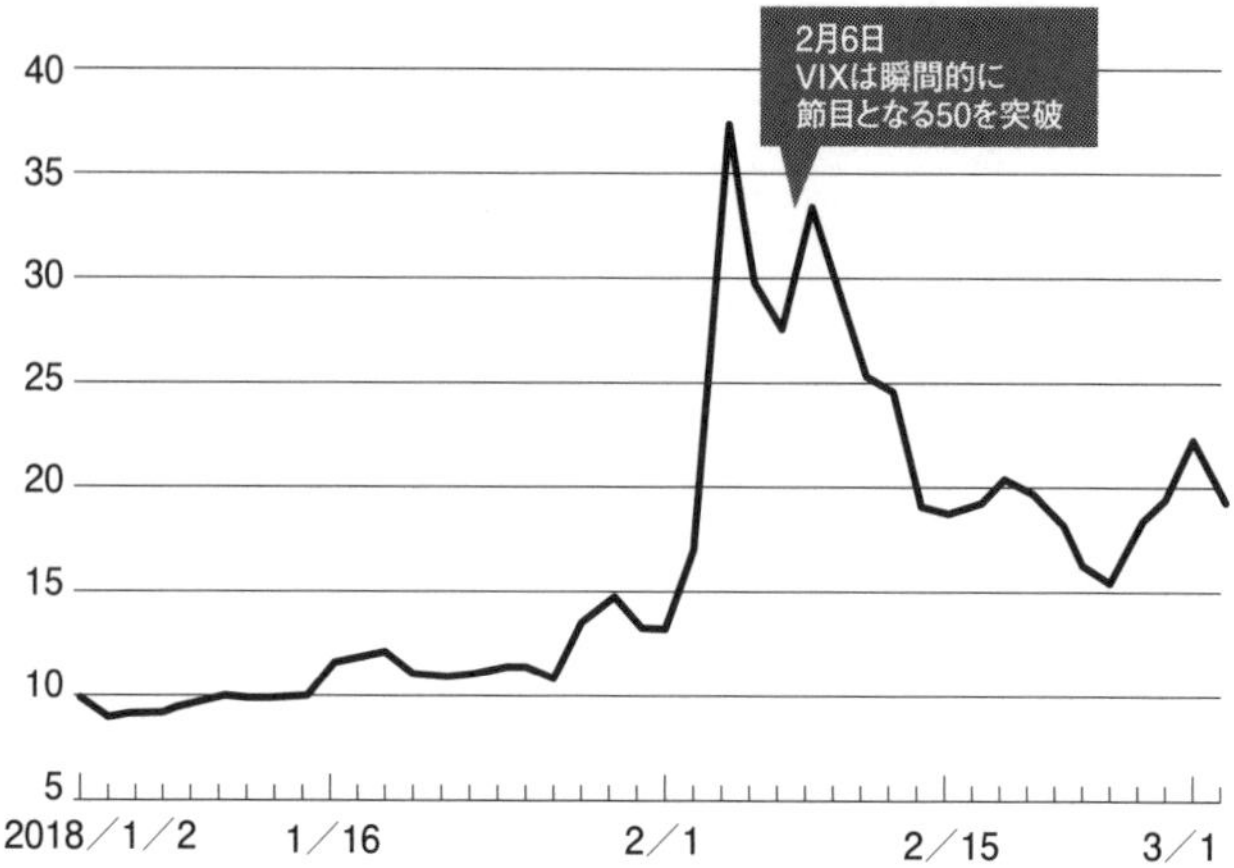

『日経マネー』2018年5月号より

このＶＩＸショックは突然前ぶれなく起きたのが特徴だったが、事前にＩＭＦ（国際通貨基金）は２０１７年10月に歴史的な低ボラティリティがはらむ危険について警告を発していた。しかし、当時は適温相場がもたらすリターンにばかり目を向けていて、市場関係者のほとんどがこの警告を気にすることはなかった。

ＶＩＸショックによって、従来、低ボラティリティを当然と考えていた投資家の認識は一変し、市場の構造は変わったと言える。

ＶＩＸショック以前の低ボラティリティは異常で、過去30年の平均値である19程度まで戻ると考えられるが、投資家はこの上昇を十分読み切れていないため、今後も

ＶＩＸ上昇に対応した売り物が出ると考えておくべきだろう。

もう１つ気になるのがアメリカの景気にピーク観が出ていることだ。全体のマクロ経済指標はまだ好調であるものの、自動車やスマートフォンの販売が、ここにきて減少している。景気がいいのにこうした現象が起きていることについては、警戒しておくべきだと考える。

「米金利上昇なら円安」という固定観念は捨てたほうがいい

２月のＶＩＸショックが１９８７年のブラックマンデーのような市場メカニズムによる急落なのか、１９８７年のブラックマンデーのようなものなのかは意見が分かれるところだろう。

ただ、市場の雰囲気は２００７年のＢＮＰパリバ・ショックのときに似ているように思う。あのショックのときも、相場急落後、実体経済は強いから大丈夫だとの声が聞かれたものだが、水面下ではローンのデフォルト率が上昇していた。その結果、２００８年のリーマン・ショックによる急落がローンのデフォルトを招き、個人消費の急速な減退という形で実体経済が深刻化した。

現在は、年金基金が運用難に苦しみ、ＶＩＸ先物などを組み込んだ複雑な金融商品に投資し過ぎている感じがする。その中身がよくわからないだけに、わずかな混乱が大きな破綻につながりかねないと言える。また、依然として景気への楽観論は多いものの、ブラックマンデーやリーマン・ショックのときと同様に、ＦＲＢが金融緩和に動く余裕がないと想定すると、過度に不安をあおるつもりはないが、不況が長期化する可能性もあり得る。

日本株は、どうしても米株に連動しがちで、円高も重荷になっている。米金利の上昇が、アメリカの財政規律の乱れに対する警戒感によるものである以上、円安ではなく逆に円高になりやすくなっているため、**従来の「米金利上昇なら円安」という固定観念は、もう捨てたほうがいい**だろう。

そこで、ＦＲＢがいつ利上げペースを加速するか、だ。アメリカの景気にピーク観が出ているとは言っても、経済はいちおう好況のうちに推移している。これによって利上げによって金融政策を平時に戻すとしても、永遠に金融緩和を続けることはできないので、アメリカは徐々に金利引き締めの方向にいかざるを得ず、その方向性は基本的に変わらないと見ている。

米国経済にリセッションリスクはあるのか？

2017年はイールド・カーブ（利回り曲線）のフラット化（平たん化）が話題になった。短期国債の利回りの上昇が、長期国債の利回りの上昇より高いことを意味しているが、2018年は逆イールド・カーブが起きる可能性も指摘された。

逆イールド・カーブとは短期国債の利回りが長期国債の利回りを超えることである。たとえば、2年国債の利回りが10年もしくは20年国債の利回りを超えることを意味するが、これは通常は起こらないことである。なぜなら、投資家は長期間資本が拘束された場合、高い利回りを期待するのは当然だからだ。

逆イールド・カーブが起きることは、投資家の景気に対する不信感の現れである。投資家が利回りが低くても、長期で資金が拘束される投資を選ぶということは短期の経済見通しが暗いことを意味する。逆に短期国債を購入することは、近い将来、再び資金を投資しなければならないことを意味する。

したがって、投資家は短期で景気が悪化する、もしくはリセッション（景気後退）が起きると予想した場合、短期国債の価格は下落すると考えて長期国債を選択する。つまり長

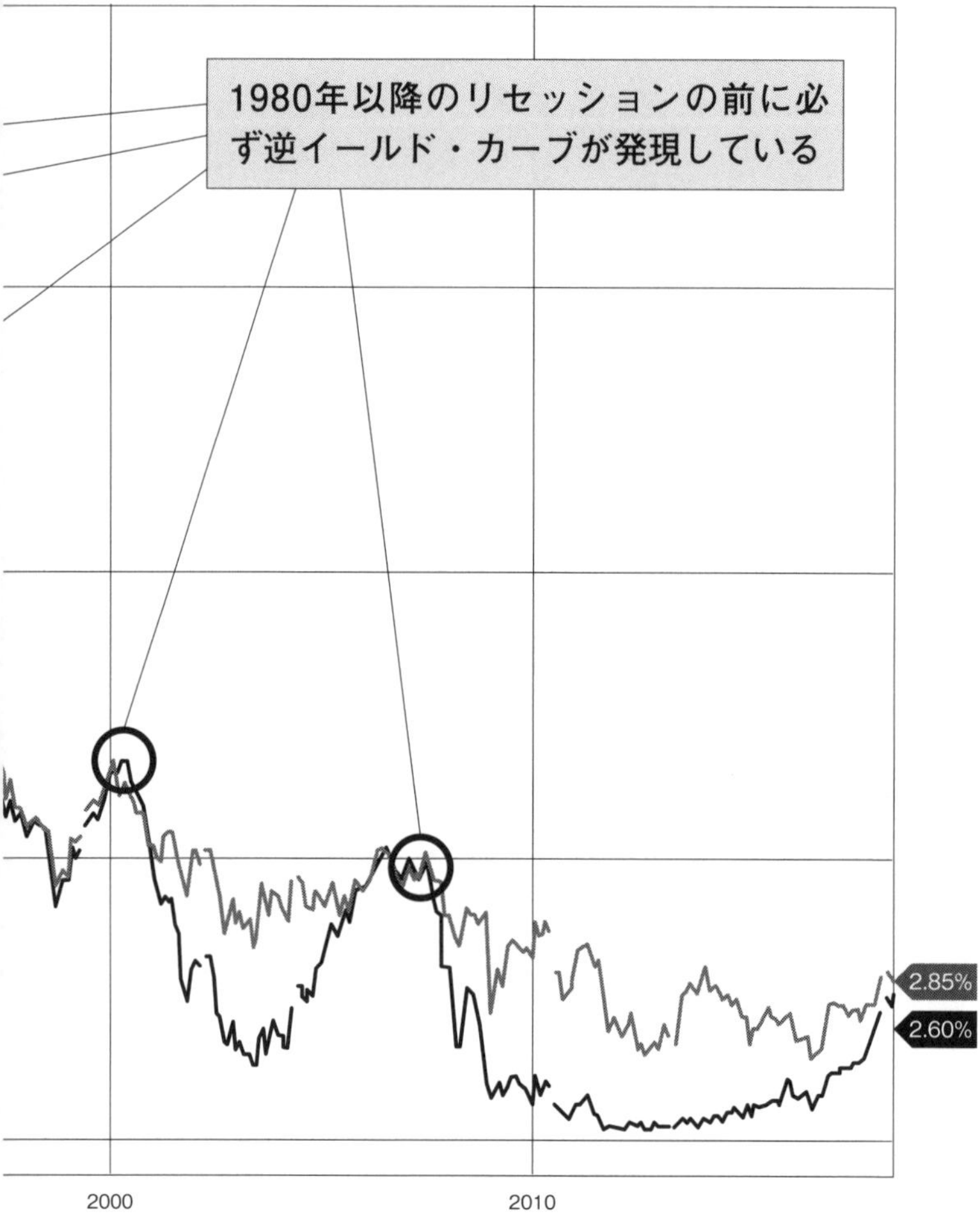

ソース：YCharts　複眼経済塾作成

図表11　逆イールド・カーブはリセッションの先行指標か?

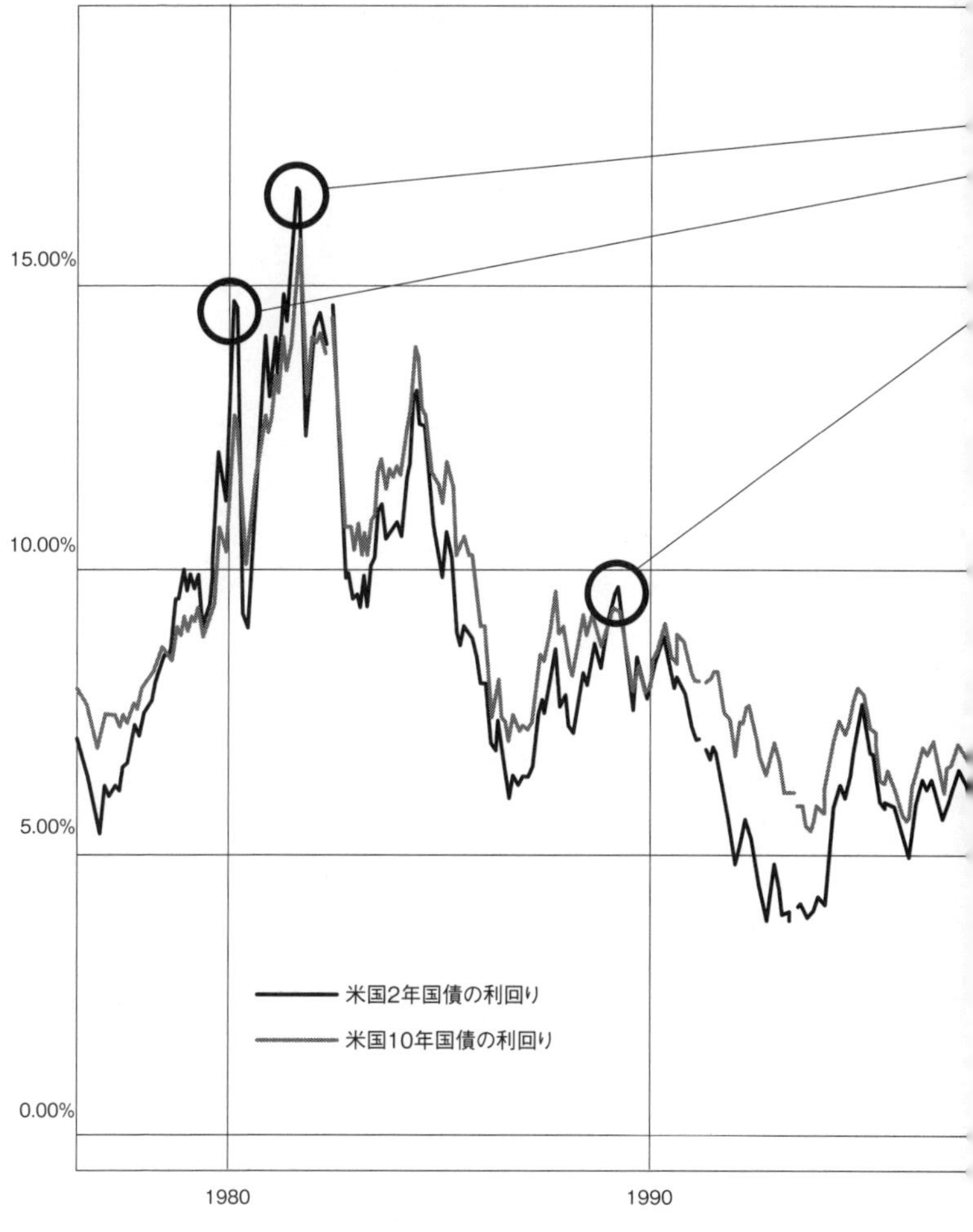

期国債の需要増大は利回りの低下を意味する。

逆イールド・カーブは1981年、1991年、2000年と2008年のリセッションの前に起きているため、リセッションを予測する指標の1つとして捉えられることが多い（図表11を参照）。

逆イールド・カーブは1955年以降、9つのリセッションを6カ月から24カ月前に予測した。チャートを見る限り、短期国債と長期国債の利回りが近づいているのがわかるだろう。フラット化は起きているものの、まだ逆イールド・カーブが起きているわけではない。

資産価格のバリュエーションはどうなっているだろうか？

ここでは米株の状況を検証したい。米株全体のバリュエーションを見るときに参考にしている指標は2つある。それらはシラーPERとバフェット指数である。

シラーPERはCAPEレシオとも呼ばれる、株価の割高・割安を測る指標の一種である。過去10年間の1株あたり純利益の平均値をインフレ率で調整した実質純利益でPER（株価収益率）を計算する。ノーベル経済学賞受賞者のロバート・シラー教授が考案したもので、景気変動を取り除くことができるため、株価水準の本当の割高・割安を判断する意味で重要な指標となる。

図表12　米株のシラーPERが歴代2番目に高い水準

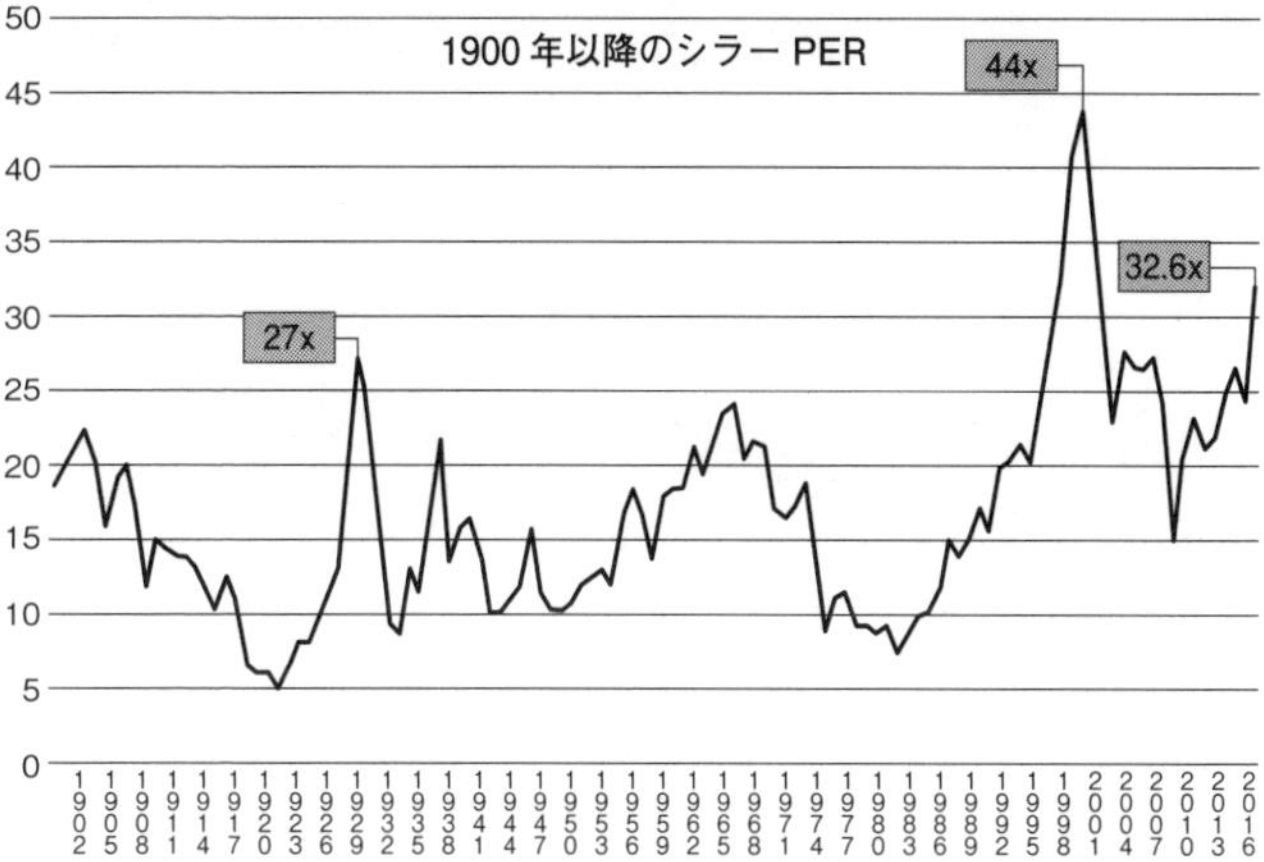

ソース：ロバート・シラー　複眼経済塾作成

バフェット指数は、ある国のGDPに対するその国の上場企業の時価総額の割合を示す指標である。ヒストリカル平均は約75%で、100を超えると株価が割高と評価されることが多い。

この両指数においても米株は現在歴代2番目の割高な水準（図表12と図表13を参照）となっており、世界的な金融緩和の影響で政策金利は先進国・発展途上国ともに歴史的な低水準に置かれている。

金融緩和はリーマン・ショック後の景気回復に大いに役立ったが、アセットバブルをつくっている可能性もあり、今後の出口戦略が気になる。また、中華圏を中心とした発展途上国のクレジットバブルが今後の大きなリスク要因として考えられる。

図表13　バフェット指数は140を超えた

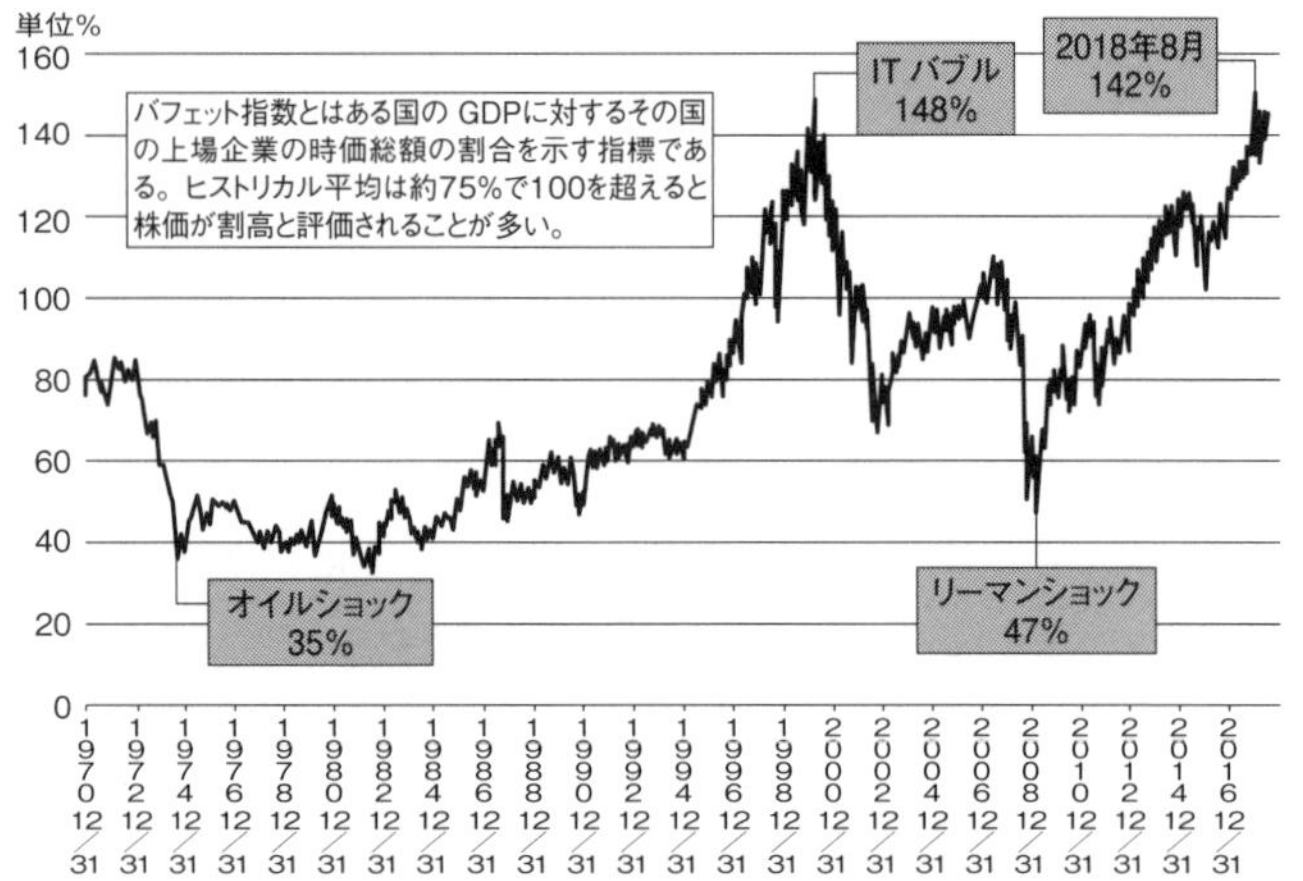

ソース：Advisor Perspectives　複眼経済塾作成

マクロ指標を見ている限り、米国にはまだリセッションリスクがないと言える。イールド・カーブのフラット化が進んでいるが、現時点でまだ逆イールド・カーブは起きていない。

過去の例から見ると、逆イールド・カーブが起きてからリセッションが起きるまで6カ月～24カ月のタイムラグがあるので、2018年内のリセッションリスクは見えない。しかし、金融資産が歴史的に高水準にあるのはリスク要因である。金融市場の本格的な調整が起きれば、その影響は実体経済にも及ぶだろう。

IMFによると世界経済の成長率は、2017年に3・7%になったと予想されている。2017年は世界のGDPの約75

%を構成する120カ国がプラス成長となり、2010年以来のシンクロナイズしたグローバルな経済成長が実現できた。

2018年と2019年の予想は0・2%上方修正されていて3・9%になっている。上方修正はグローバル経済の堅調ぶりを表していて、また米国の法人税減税による経済的効果も反映している。

グローバル経済の短期見通しは良いものの、中期ではダウンサイドリスクも懸念される。また、資産価格は歴史的な高水準に達しており、金融市場の調整によるネガティブインパクトが懸念される。先進国経済におけるインフレ率が予想以上の早いペースで上昇すればトリガーになり得る。

アメリカの金融引き締めで新興国が一番打撃を受ける

FRBが金融緩和に動かずに、逆に金融引き締め策を取った場合、アメリカ自体に問題はなく、日本も実は痛くも痒《かゆ》くもないはずだ。しかし、一番打撃をこおむるのは新興国であり、なかでもモルガン・スタンレーが2013年に定義したフラジャイル・ファイブ（脆弱な5通貨）と呼ばれているブラジルのレアル、インドのルピー、インドネシアのルピア、トルコのリラ、南アフリカのランドへの影響力が懸念される。

実は直近でS&Pグローバルが新しいフラジャイル・ファイブを定義している。これらの国々はトルコ、アルゼンチン、エジプト、パキスタン、カタールである。フラジャイル5をオールドとニューに分ける必要がないので、両者をまとめてフラジャイル・ナインと呼んでもいいだろう。

これらの国々は財務体制がしっかり整っておらず、いずれも経常赤字を抱えており、これまでチープ・マネー、チープ・ダラーによって支えられてきた部分が大きかった。借金とレバレッジ（少ない金額で大きな金額を動かすこと）を増やし、ある程度の経済成長を遂げることはできたものの、現在、これらの国の通貨に対してドルが上がっていることが問題だ。

ＦＲＢの金融引き締めによって米ドルの金利が上がると同時に自国通貨の魅力が低下すれば、それがダブルパンチとなって、新興国は従来のように安く資金調達することができなくなってしまう。

もう1つ新興国にとって厄介なことはトランプの法人税減税である。法人税減税は米国の財政に大きな穴を空けたので、米財務省は通常の2倍である1兆3000億ドルの国債発行に踏み切った。これがＦＲＢの金利引き上げ、バランスシート縮小と重なったため、新興国にあるドルが掃除機にように吸われてしまったのである。

私の母国、トルコは現在政策金利が17・75％まで上昇しているが、これでも足りないために、近い将来政策金利が30％まで引き上げられるのではないかと考える。その理由はインフレの加速である。トルコに限らず他の新興国においても似たような状況になればデフォルトに陥ったり、場合によっては経済危機のチェーンリアクションが起きてしまうリスクさえある。

実は、私は2015年の時点でこのことを指摘していた。「いままでは新興国への投資の時代だったが、新興国はレバレッジを増やしすぎたために、これから非常に厳しくなり、今後10年は原油安の効果によってアメリカのみならず日本も、EUも好景気になって、先進国のほうに相対的に力が出てくる」と各方面で言っていた。

そして、いままさにそういう状況を迎えているわけで、世界経済を俯瞰《ふかん》するとアメリカ経済や日本経済ではなく、フラジャイル・ナインを含む新興国に一番経済的なリスクを感じている。

世界の借金は240兆ドルに!! でも日本は大丈夫

もう1つの世界経済の大きなリスクは世界の借金（負債）だ。

IIF（国際金融協会）のデータによると、政府と民間の債務を合わせた世界の借金が2017年末に240兆ドル（2京6000兆円）になった。世界の借金は2000年に80兆ドル（約9000兆円）だったが、わずか17年の間に約3倍となったということだ。

リーマン・ショック後に先進国を中心に行われた金融緩和によって金利が低下し、人類史上初めてマイナス金利が登場した。先進国で金利が低下しすぎたため、資金は金利が比較的に高いエマージング諸国に流入し、これらの国の負債比率が上昇した。

10年前にFRBのバランスシートの大きさは9250億ドルだったが、それが2014年の10月に4・5兆ドルまで膨らんだ。日銀やECBも似たような状況である。

2000年に世界のGDPは33兆ドルだったが、いまは約80兆ドルである。これは142%のGDP成長率を意味する。一方で、80兆ドルだった借金が240兆ドルになったということは200%の上昇である。ということは、経済成長を遂げてGDPが増えたとはいえ、負債の伸び率のほうが高かったのだ。

だから、GDPは英語でグロス・ドメスティック・プロダクト（Gross Domestic Product＝国内総生産）と言うが、**グロス・デット・プロダクト**（Gross Debt Product＝**総「負債」生産）が本当のところではないか**と私は思っている。

つまり、GDPのDはDomesticではなく、Debtが実態だ。その負債はどこに流れたのかというと中国、新興国、南欧諸国などである。これが膨らみ続ける状態は非常に危険だ。なぜなら永遠に負債を膨らませるわけにはいかないので、どこかで必ず巻き戻しが起きるからだ。この問題自体をGDPと呼ぶこともできる。それは世界の借金問題＝グローバル・デット・プロブレムである。

では、日本の場合は心配いらないのかというと、確かに借金はあるものの対外債務はゼロで、日本は基本的に債務国ではなくて債権国であり、要するにお金を貸しているほうである。しかも世界最大の債権国であるから大して心配する必要はない。

何か世界経済にとって不安なことが起きた場合、なぜ円高になるのかというと、日本の円に信頼を置いているからで、円に投資しておけば安心だからだ。これは金融のもっとも基本的なルールだからぜひ覚えてほしいが、**おカネは不安を嫌がる生き物で、リスクが増えると家に帰りたくなる**。人間だって街が危なくなると家に帰りたくなる。日本は債権国なので実は世界中に日本マネーが溢れている。しかしリスクが増えると、この日本マネーがホームである日本に戻りたがる。メディアがよく言っているリスクオフの円高とはこういうことである。

こうしたことをまだよく理解せずに、国の借金は1087兆円を超え、国債で財政を回している借金大国であるから、実質破綻しているという意見が後を絶たない。政治家や経済アナリスト、マスコミ、財務省までが「国民1人当たり859万円の借金している」などと先頃（2018年5月）発表したりしているが、これははっきりいって的外れだと思う。

正しくは政府が国民に859万円の借金があるということで、なぜ国の借金と言い、国民1人当たりの計算にするのかと言えば財務省、それ以前の大蔵省時代からの官僚による一種のプロパガンダというほかない。

やや話は古くなるが、かつて自民党の麻生太郎氏（現財務大臣・副総理）が、日本の国債残高の数字を取り上げてマスコミが「日本が破綻する」と報じていたことに対して、「これは間違い」だと完全否定したことがあった。

同氏は日本の財政をギリシャの経済危機と比較し、日本国債の94％は日本人に買われていることや、残り6％も円だけで買われていることから、ギリシャとは状況がまったく異なることを説明し、日本のGDPと国債発行高、金利の推移数値などから、日本の財政破綻がマスコミや旧大蔵省の煽《あお》りであると指摘していた。

また、「国の借金は1087兆円もある」という偏向した見方に対して、私はこう考えたほうが良いと思っている。日本はGDPの2倍程度の借金があると言っても全部国内債務であって、国債を売って集めたお金は誰かのポケットに入っているわけではなく、結局、国に落として活用されていることに目を向けるべきだ。

道路、鉄道、水道、下水道、護岸、通信などのインフラがしっかり整備されていて、資金がそれぞれに効率的に投下されたかどうかという問題があるにしても、そこに投資されている資金は借金ではない。いずれも日本の立派な資産だ。日本人は生まれた瞬間に世界最高のインフラを持ち、世界でもっとも安全とされる国の国民となり、世界でもっとも信頼されているパスポートを持つことができる。これらはすべておカネで表わせない大きな財産であり、**日本人は生まれた瞬間に光り輝く黄金の絨毯《じゅうたん》の上に生まれた**と考えたほうがいい。

こうした事実に目を向けずに、一面的に情報を切り取って「借金大国」とか「財政破綻」などと言って、国民の不安を煽るのはいかがなものか。

第4章

日本の無理と無駄と弱点、そして強味

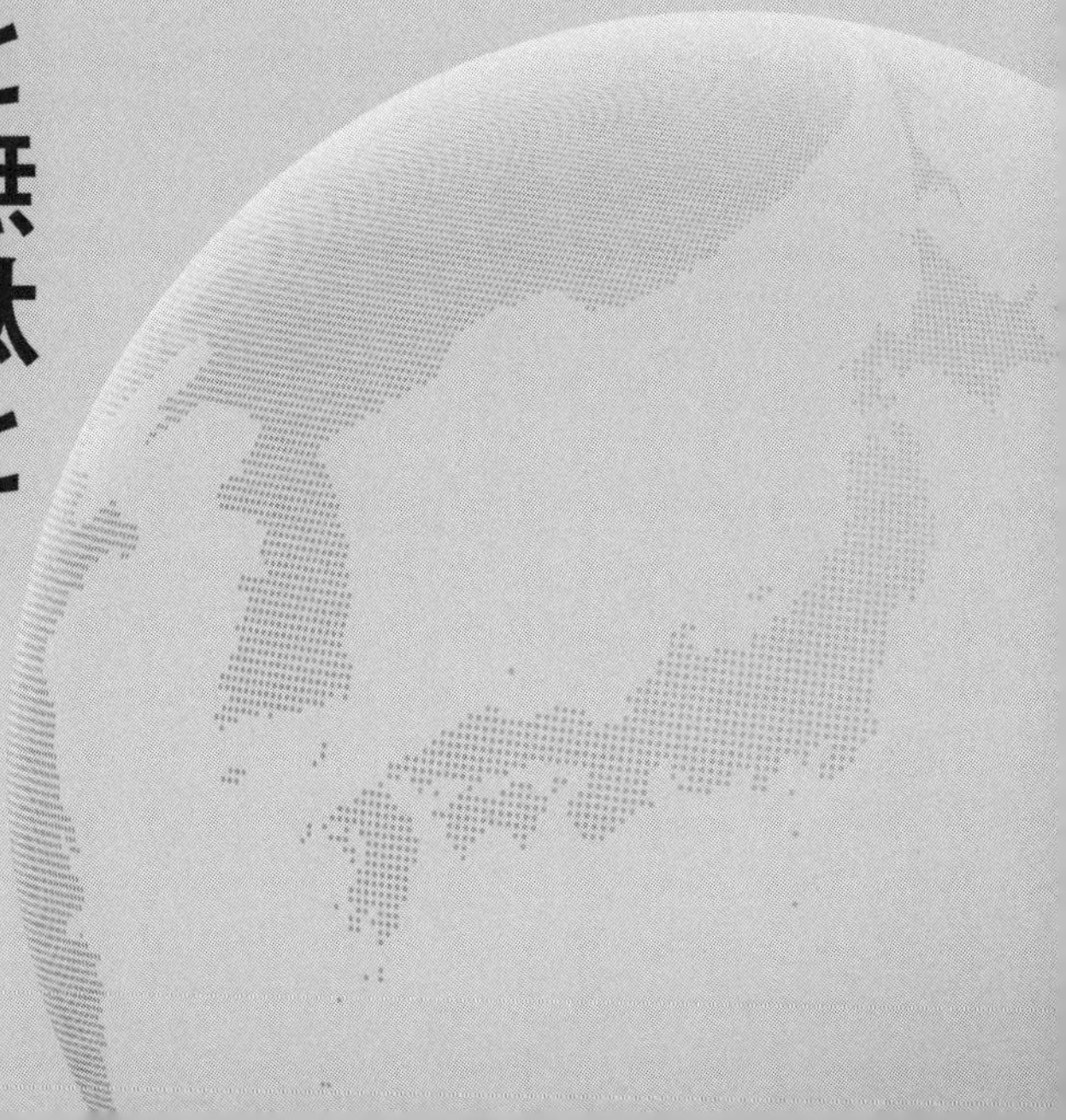

消費税10％が2019年10月から実施されるが

私は、そもそも消費税自体に反対だ。この制度は基本的になくしたほうがいいと思っている。なぜなら、一般国民は収入から税金を徴収されている。いったん税金を納めた上に、得た収入で何かを購入・消費した場合、そこにさらに税金をかけるというのは、税収の効率的な使われ方の問題に行き着くからだ。

そもそも資本主義世界の税制は基本的に資本家、つまりビジネスオーナーに有利にできている。ビジネスを行う組織、つまり会社は売上からではなく利益から税金を徴収されるのに、従業員である我々一般市民は売上である給与から徴収される。理想的な税制は従業員がその給与を稼ぐために使ったすべての経費を給与から引いた後に税金を徴収すべきである。

私は人間が仕事するために必要な経費に家賃、食費、移動費など、いわゆる平均的な日常生活を送るために必要なコストがすべて採用されるべきだと考える。それらを控除した上で残った金額から税金を取るべきである。もちろん、一般人のためにもさまざまな税金控除対策はあるが、十分とは言えない。

話を消費税に戻すと、消費税を増税すれば消費を押さえ込むことになるし、経済活動を停滞させることになる。

また、金持ちでも貧乏人でも同じ比率で消費税がかかるというのは、実は平等ではない。たとえばランボルギーニを買ってもパンを買っても同じ比率というのは、賢い方法とは言えない。もしどうしても消費税を導入するのであれば、高級車やラグジュアリーアイテムなどの高額商品の場合は比率を高くするなど、消費税を商品別で設定したほうがいいだろう。

私は、基本的には金持ちほど税金を払うべきだと思っている。しかし、かといって所得税で金持ちだけを押さえ込むというのも良くないので、その分、相続税や譲渡税を軽減すべきだ。そうすれば、これまで高額納税者と言われてきた国民も納得すると思う。

また、消費税の不公平さを是正するためには、企業であれ個人であれ、申告ベースのすべてを電子化して、収入の度合いによって結果的に平等になる徴収システムを採用すべきだ。もちろん、国民の誰しもが自分の納税額を簡単にシミュレーションできるようにしたほうがいい。

消費税10％の実施は、本来、2017年4月から実施される予定だったが、2019年10月1日に再延期になった。その理由は消費税増税が及ぼす選挙への影響と景気を考慮してのことだ。

政府は再延期の幅について「1年半」または「2年」で検討していた。しかし、2年では2019年4月の統一地方選挙と重なり、同年夏の参院選も迫ってくるので、安倍政権に逆風になることを避けるために「2年半」としたわけだ。

さらに、これは安倍首相の自民党総裁任期は2018年9月末に満了となることにも関係する。任期延長も視野に長期政権を見据える首相にとって、2年半の再延期ならば、与党に有利なタイミングで衆院解散に踏み切れるという思惑もある。

増税が予定されている2019年、つまり東京オリンピック・パラリンピックの前年になるわけだが、日本を挙げてのオリンピック前の増税実施については大いに疑問だ。オリンピック景気で経済が盛り上がるにしても、逆に増税前の駆け込み需要が増大して市場が混乱することも考えられる。

また、この消費税増税の実施と併せて「軽減税率」という、非常にわかりにくい複雑な制度がスタートすることも気にかかる。

軽減税率とは、食料品や教育費などの「生活に最低限必要なもの」には消費税を軽減ないし非課税とすることで、標準の税率よりも低く抑える税率のことだ。ただし、納税コストや煩雑さ、軽減税率による税収減のために逆に低所得者への分配が減らされるなど、高所得の消費者ほど得をする制度だとして、すでに欧州では廃止の動きが出ている。

軽減税率の導入によって消費税が複雑化することになり、税額控除、事務負担、税務執行などさまざまな仕事が増えて多くの運用コストが発生することも、とくに中小零細企業や商店経営者にとっては予想以上の負担になるはずだ。

また、仮に軽減税率を食料品に適用する場合、飲食サービスの区分をどうするのかという問題も生じる。どのように「生活必需品」と「贅沢《ぜいたく》品」を区分するのか、その客観的な基準の設定が難しい案件も多数存在するはずだ。

震災と原発事故による暗さを払拭しただけでも安倍政権の功績は大きい

私は安倍政権を評価している。その理由の1つは、いわゆるアベノミクスと呼ばれている金融緩和、財政政策、成長戦略という景気刺激策を遂行したことだ。短中期のソリューションではあるけれども、これ以外、当時は手の打ちようがなかったと理解している。

もう1つの理由は、東日本大震災と原発事故発生（2011年3月11日）で日本中が暗い雰囲気になっていたのを明るい方向に変えたことだ。

第二次安倍政権が成立したのは2012年12月末のことで、3・11から1年10カ月経っていたが、民主党の野田前政権のままでは、こうはいかなかっただろう。

私は、東日本大震災と原発事故は、日本人に敗戦に近いような危機感を与えたのではないかと思っている。以前、私は野村證券の営業デスクに就いていたときに「心のゴングを鳴らせ」という言葉を朝のミーティングで使っていたが、まさに3・11という日に日本人の心のゴングが鳴ったと感じている。

日本人は心のゴングが鳴ると非常に強い。黒船の到来、敗戦、そして東日本大震災と原発事故、この150年で日本人は生命の危機、国家存亡の危機を感じて何度か心のゴングを鳴らしてきたが、危機感を覚えると、とにかく団結して強くなる民族だ。

しかも、危機的な状態にあってもパニックにならずに整然と落ち着いた様子には――私自身、結構日本に長くいるので日本から多くの影響を受けているせいもあるだろうが――驚きというより感動を覚える。

3・11後の日本が沈むのではないかという暗い時期に、第二次安倍政権が発足してガラッと雰囲気を変えた功績は非常に大きいし、安倍晋三首相が就任してから丁度100日目（2013年4月4日）に「アベノミクス」のもとで円安と株高が進み、内閣支持率が7割前後と高い水準を維持していたことは注目すべきことだ。

もちろん安倍政権を過大評価してもいけないし、過小評価してもいけないだろうが、日本がもっとも暗い雰囲気に陥った時期に登場して、世間を明るくすれば国民から支持されるのは当然の成り行きだろう。

まだ震災からの復興は道半ばであり、原発廃炉という課題は気の遠くなるような時間を要する。そうしたなか、あれから7年しか経っていないのに、いまは東京オリンピックが間近に迫っていることで盛り上がっている。まるで敗戦処理のような大事業を誰が行ってきたのかということを、みんな忘れているのではないだろうか。

第一次安倍政権が倒れて、「コンクリートから人へ」という抽象的で訳のわからないスローガンを掲げた民主党・鳩山由紀夫政権が2009年9月に発足し、その後の菅直人政権のときに東日本大震災が起きて福島原発事故が併発した。次に民主党代表の野田佳彦氏が内閣総理大臣に任命され、2011年9月から2012年12月までの任期を勤めた。

この民主党時代の約3年間は、株価は低迷するし、尖閣諸島問題で右往左往するし、加えて東日本大震災と原発事故という大惨事に見舞われてなんと暗かったことか。

もちろん自然災害が起きたのは民主党のせいではないし、原発事故もミスがあるとすれば民主党政権以前に発生した問題なので、これらについては民主党を責めているわけではない。しかし、いずれの問題も対応がずさんだったことは明らかで、とにかく日本の雰囲気は暗かった。

原発事故のせいで野村證券の外国人従業員の多くはいったん自国に帰った。その人たちの中に日本は二度と復活できないと思って日本に戻らなかった者も多かった。私自身も毎日家族から電話が入り、とにかく仕事なんか辞めて帰って来いと言われるほどであった。

この暗い雰囲気をを払拭するように第二次安倍政権が誕生したわけで、「喉元《のどもと》過ぎれば熱さ忘れる」ということわざを引き合いに出すまでもなく、このことはしっかりと日本国民全体が認識しておくべきだ。

悲観的な雰囲気を吹き飛ばしただけでも安倍政権の功績は大きく、今後、安倍政権が継続しようがしまいが、その功績は認めるべきで、森友問題や加計問題などで貴重な論議の時間を費やしているのは、まったく生産的ではない。アメリカと中国の仲がどんどん険悪化する状況を迎えているのに、なぜ野党はもっとマクロ的な視点で問題意識を持つことができないのだろうか。

日本は資本家をつくらずに官僚主義の企業経営を行ってきた

日本の税金について論じるときに、所得税、法人税、住民税といった話ではなくて、相続税や譲渡税などの税金が、何のためにつくられた税金であるのかが元々よくわからないところがある。その理由は、おそらく日本という国は伝統的に資本家をつくらないようにしてきたからだと私は推測している。

第1章でも述べたとおり、日本では財産を築いても大体3世代で終わっている。

欧米でも資本家になるまでには大体3世代ぐらいかかる。たとえばよく言われているのが17〜18世紀のドイツ、イギリス、フランスなどの例で、1世代目が頑張って小さな商いをスタートさせて、2世代目がそれを拡大し、3世代目になってようやく資本家と言えるまでになる。

そして、1世代目から１００年ほど経ってようやく資本家になった人たちが、蓄積した資本をさまざまな分野に投資して、国を発展させてきたというのが、資本主義の従来の流れだ。

日本の場合は、これが逆の流れになっていて3世代でできた資産が全部なくなる仕組みになっている。現在の日本を見渡しても、三菱、三井、住友、安田、鴻池などの大きな財閥系は存在するものの、１００年以上続いてきた企業の場合、創業家ファミリーがオーナーシップを持っていないケースが多い。

一方、ドイツのＢＭＷを例にとるとクヴァント家がＢＭＷ株式の46%を保有していて、しかもそのうち約26％をシュテファン・クヴァント氏が1人で保有している。1852年創業で世界の大手ビール製造会社の1つであるアンハイザー・ブッシュも創業家が、いまでも株式の40％以上を保有しているし、インドのミッタル財閥も同様である。アメリカのフォードにおいても、フォード家の保有株式は年々減っているもののクラスBと言われる特別株式を保有することで、いまでも議決権の40％をコントロールしている。

これは、どちらが良くて悪いのかという話ではなく、ただ日本がこれまで行ってきた企業経営のシステムを振り返ると、**真の資本主義ではない**ことを認めざるを得ないところがある。

では、日本はどのようなシステムをとってきたかというと、私は、官僚主導の国家主義が根本にあって、企業においても官僚主義に基づく経営が行われてきたと理解している。これがうまく機能したときもあったし失敗したときもあったわけだ。

つまり、日本の大手企業の多くはオーナー企業ではないので、すべて官僚が動かしているのと同じことであり、会社員というのは会社員という名前の役人たちである。結局、この日本独自のシステムが、いまになって行き詰まってきているように思う。

80年代後半あたりまでは、このシステムはうまく機能していたが、情報革命が始まって、日本がデフレに見舞われたあたりから、このシステムが機能しなくなったことは明らかだ。

日本の大手企業はことごとく失敗し、東芝やシャープなど高度な技術を持っている企業であっても、事業分野のいくつかが非常に安く海外資本に買収されるという残念なことが起きている。

したがって、これまでを振り返ると、官僚主義はもはや機能しないことは明らかなので、必ずしも欧米型の資本家ということでなくてもいいが、ある程度、資本の蓄積ができて、自由に資本の投下ができるような税制に改めるべきだと思う。

また、これは個人についても言えることだ。

自分で財産を築いても、相当税金がかかってしまうので、簡単に自分の子供に譲渡できないという問題が起きている。年輩者が持っているお金が子供などに行きやすいように相続税や譲渡課税を緩める必要があるだろう。

小売業者を守るためにオンラインショッピングの税金を変えてみては

オンラインショッピングは大変便利なので多くの人が利用している。

私自身Ａｍａｚｏｎのヘビーユーザーであるから、矛盾しているかもしれないし、オンラインショッピングのユーザーから反発されるかもしれないが、ネットでの買い物が増えるということは、一般の小売業者を利用する人が減ることを意味するから、その不公平を是正するために何らかの手を打つ必要があるだろう。

ただでさえ大型スーパーの進出のせいもあって、地方に行けば、いわゆるシャッター銀座が目立つのに、今度は大型スーパーまでＡｍａｚｏｎなどのネット小売と競合できず潰れる危険性が出てきている。何も手を打たなければ小売店は減る一方だ。

そこで、小売業者を守るために、**ネットで求める買い物の税金を少し高めに設定する**というのはどうだろうか。すると損するのは一般消費者だという意見もあるだろう。であれば一般の小売の税金を少し低くするという方法でもいい。このアイディアを公言しているのは、まだ私だけのようだが、それほど遠くないうちにアメリカもその他の先進国も、これを導入する日がくると思う。

なぜならば、このまま放っておけば小売業界全体が崩れてしまう怖れがあるし、極端に言えばＡｍａｚｏｎだけが残ってしまうことになるからで、Ａｍａｚｏｎのようなガリバー企業だけが恩恵を受けるようでは本当の機会均等とはならない。

また、確かにオンラインショッピングは自宅やオフィスにいて買い物ができるので便利ではあるが、ウインドウショッピングや外出して買い物する機会をつくるという意味でも、このアイディアは有効だと思う。第一、自宅やオフィスにこもってばかりいては健康によくない。

さらには、ネット通販の量が急増したために、先頃、日本では物流大手企業が手数料を値上げし、物流の担い手であるトラックドライバーの拘束時間を是正するシステムを導入したが、ドライバー不足の問題が常態化している物流業者にとっても、このアイディアを導入すれば取扱量の軽減につながるので、有効に作用するに違いない。

アメリカでも日本と同様のドライバー不足の問題が起きていて、トランプ大統領も私と似たようなアイディアを検討しているはずだ。

小売業者を守るということは、雇用、文化を守ることにつながるので、決して小さな問題ではない。できるだけドラスティックな考え方をして、小売店が並ぶ町の活気を維持したいものだ。

本当の働き方改革とは

「働き方改革関連法」が２０１８年６月29日の参院本会議で可決、成立した。この法案の柱は、①残業時間の上限規制、②正社員と非正規の不合理な待遇差を解消する「同一労働同一賃金」、③高収入の一部専門職を労働時間の規制から外す「脱時間給制度（高度プロフェッショナル制度）」の導入で、この法案成立によって日本の労働慣行は大きな転換点を迎えることになった。

元々、この法案は2015年から安倍政権が提唱していた「一億総活躍社会」というスローガンを土台にしたもので、一億総活躍社会とは何かというと、首相官邸ホームページでは「一億総活躍社会の実現」と題して以下のように説明されている。

我が国の構造的な問題である少子高齢化に真正面から挑み、「希望を生み出す強い経済」、「夢をつむぐ子育て支援」、「安心につながる社会保障」の「新・三本の矢」の実現を目的とする「一億総活躍社会」の実現に向けて、政府を挙げて取り組んでいきます。

この説明を読んでも、よくわからないところがあるが、一億総活躍社会をひと言で説明すると「半世紀後も1億人の人口を維持し、職場・家庭・地域で、できるだけ多くの国民が活躍できる社会」ということだ。

そして、一億総活躍社会というスローガンが出てきた理由を考えると、将来を見据えると少子高齢化になり、働き手が少なくなるので、できるだけ働けるうちは長く働いてほしい。少子化をできるだけ抑えるために働く女性の環境を改善したい。労働人口が減ると同時に高齢化社会を迎えれば社会保障費が膨らむので、その構造を少しでも変えていきたい、ということだろう。

この法案に野党や一部マスコミが断固反対の姿勢を見せることになったきっかけは、周知のとおり大手広告会社・電通の女性社員が過労自殺したことだった。

もちろん亡くなったことには私も同情するが、なぜそんな事態になるまで本人は我慢しなければならなかったのか、あるいは同僚・上司など職場の仲間からアドバイスがなかったのか、と考えると忸怩《じくじ》たる思いがする。

働き方改革関連法の冒頭に「残業時間の上限規制」が謳《うた》われていて、長時間労働の改善によって過労死などの事件は起こらなくなると見られている。

しかし、この「残業時間の上限規制」について野党や一部マスコミは、かえって休日勤務など長時間労働を助長することになり、過労死につながるとか、残業時間が減ると収入が減ってしまうので副業・兼業する人が増えて、仕事が中途半端になる上にオーバーワークになって体調面に影響が出てしまう、といった批判を繰り返している。

私に言わせれば、この批判は的外れであるし、そもそも日本人の悪しき慣習〝会社主義〟から論じる必要がある。

私が1カ月ほど前、Ｔｗｉｔｔｅｒで、

「お金の真の価値はモノが買えることではなく、持っていたら自由を得られることです。年収はこれで、財産がこれくらいになったら勝ち組だみたいな話をよく聞くけど、お金のために行きたくない職場に行って、やりたくない仕事をやって、一緒にいたくない人と一緒にいる人は何かに勝っているとは思えません」

とつぶやいたところ、結構大きな反響があった。

私は、別に将来不安に先手を打つために成立した働き方改革関連法に反対しているわけではない。ただ、職業の自由があって、それこそ各人各様の働き方があるわけだから、もう〝会社主義〟に縛られる必要はないし、この際、働き方の概念を大きく変えるべきだと思っている。

第1章の冒頭、ＡＩについて述べたところでも触れたが、私は、人口減少は何の問題もなく、逆にいいことだと思っている。

なぜなら、テクノロジーが働き方を変えていくからだ。このように述べると「そんな時代が来るのか」という声が聞こえてきそうだが、まず、ネガティブに考えたほうがいいのかポジティブに考えたほうがいいのか、を考えていただきたい。

残念ながら、将来をネガティブに考える人、不安や批判ばかりを述べる人は、頭を新しい発想に切り替えることができずに、現時点での概念でしか物事を判断しないところがある。どうしてそうなるのか、私は不思議でならないが、既成概念に依存しているほうが多分、考えずにすむのでラクだからだろう。

実は物事は常に動いているのであって、人類は自分たちがつくってきた概念を次々に自ら打ち破ってきた。これは産業革命、バイオテクノロジー、エレクトロニクス、半導体等々、そしていまＩＴの恩恵を受けていることを考えればわかることだ。

石油の埋蔵量には限りがあるから、やがてエネルギーが枯渇《こかつ》してたいへんなことになる。人口増大でやがて食糧危機が訪れる。そうしたネガティブなことは誰でも言える。

しかし、メタンハイドレートの発見、太陽光発電、再生可能エネルギー、水素エンジン、バイオを活用した農産物など、人類は次々に新たな分野を開発してきたわけで、たとえば、携帯電話が登場してまだ20年ほどしか経っていないし、スマートフォンのｉＰｈｏｎｅが世に出たのは10年前だということに目を向けるべきだ。ちなみにｉＰｈｏｎｅは10年間で機能が約18倍進化しているという。

話を元に戻すと〝会社主義〟はもう古いと言えるわけで、場所や時間を選ばずに、もっと自由に働ける時代を迎えているのだから、会社に行って一定時間働くというのは、１つの概念に過ぎなくなっているということだ。

都会を離れて空気がきれいな地方に行けば、年収が4〜500万円程度でも結構いい暮らしができるかもしれない。日本はどこに行ってもインフラが整っているし、学校はあるし、コンビニだってある。

要するに〝会社主義〟に縛られずに、自分の能力・体力・環境に合わせて働くことが本当の働き方改革であって、すでにこうした視点で経営を開始している企業がいくつもある。何でも1カ所に集めるのではなくて、地方に拠点を展開するようにすれば、地方の活性化につながる。これからは、多くの企業が事業部署を地方に移すなどの取り組みを実践してほしいものだ。

私が野村證券時代に学んだことは〝会社主義〟の無駄

私が野村證券に勤めていた期間は約9年で、企業情報部、機関投資家営業部に在籍してM&A関連、株式の営業などの仕事をしていた。

勤務時間は基本的に午前8時40分から午後5時10分までとなっているものの、私はほとんどの仕事を3時間、つまり午前中で終わらせることができていたので、最初の頃は早く帰ろうと思ったし、実際、業務時間が終わる定時かその1時間後くらいに帰ったこともあった。しかし当時、これはとても考えられないことであった。

しかも上司から「君は仕事が少なそうだから、もっと仕事をあげよう」という指示がきて、会社にいる時間が大体14〜15時間ということとなったわけだが、周りの人を見渡すと22時とか23時ぐらいまでデスクに座りっぱなしなので、「あっ、この人たちも早く帰れないんだ。この会社のシステムでは、ここにいなきゃいけないことになっているんだ」ということに気がついた。では、どうするかということになった。

私が取った方法は、上司から仕事をもらった際、当然、締め切りを設定されるわけで、たとえば「水曜日に提出するように」と言われた場合、月曜日にその仕事が終わっていても水曜日ギリギリまで提出しないようにしたことだった。どっちみち早く帰れないのであれば、私は自分の労働時間の対価を上げる行動に出ただけであって、これは経済合理性に沿った行動であったといまだに思っている。同じ時間で1つのことをする人と3つのことをする人が同じ給料を得ているなら、前者のほうが労働対価は高いわけである。

残念なことにM&Aを手掛けていた3年間ぐらいもそうだったが、その後、株の営業を担当していたときは、お客さんに電話をかけて、その日の相場の動きなどをレポートすると大体午前中で仕事は終わってしまい、後は何もなかったので、ただ無駄にそこに座っているだけだった。

これは日本の間違った文化、先ほどから述べている〝会社主義〟で、会社に長くいればいるほど仕事をしているかのようなアピールになるというのは、無駄以外の何物でもない。それで余った時間、私はどうしていたかというと、ずっとウィキペディアを読んでいた。だから土日も出社したりして、1カ月に150時間くらいは残業していたので、給料よりも残業代のほうが多かったわけだが、その多くの時間を私はウィキペディアを読むことに費やしていたので、これは、会社にとってはいかに無駄かということになる。

よくよく考えたら会社でウィキペディアを読んでいて、残業代を1時間2500円も得られることなんて、そうはないなと思ったわけだ。会社で多くのことを学んだと同時にウィキペディアからたくさんのことを学んだので、私は毎年ウィキペディアに寄付をしている。

〝会社主義〟の企業には優秀な人材は集まらない

日本には「適材適所」といういい言葉があるのに、人事の面がうまく機能していないケースが多く、大手企業の場合は組織が巨大すぎてなおさら機能していないように感じる。明らかに違う能力を持った人材がただ集まっているだけで、評価、査定などの人材のマネジメントが正しくできていないから、個々の能力が組織のなかに埋没してしまい、能力の高い人材がいてもそれを十分活かせないでいる。

高度経済成長時代は、それでもよかったのだろうが、いまになってその非効率なシステムが裏目に出ているわけで、多くの企業は利益率が伸びない状況に陥っている。

そこで、就職を希望する学生が企業の何を一番見ているのかということに視点を変えてみると、たいへん興味深いことがわかった。このことについては複眼経済塾の渡部清二塾長が四季報オンライン（2018年5月23日）で「年収上位と下位150社比較、有望株はどっち」と題してレポートしているので、その要点だけを以下に列挙してみる。

・学生は就職先を選ぶにあたって何を重視するのか。

・第1位は「報酬」で70％、続いて「柔軟な勤務時間・場所」が57％、「心身の健康実現に向けた取り組み」が50％だった。ワークライフバランスを重視する姿勢も目立つが、やはり決め手は「報酬」つまり「給料の高さ」であることは非常に興味深い。

・次に年収ランキングで上位150社と下位150社の企業をスクリーニングし、その平均像からどのような特徴があるかを見てみた。

・上位群と下位群の数字を比較して大きく異なっているのは、稼ぐ力の「売上高経常利益率」と企業価値である「時価総額」である。金融を除く全産業ベースの売上高経常利益率は平均で7・4%（『会社四季報』2018年2集春号集計）だが、上位150社は14%とほぼ2倍の数字をたたき出している。

・これはかなり高い数値だが、年収が高い企業群なので人件費を削って利益率を上げているのではなく、高い年収を支払ったうえで高い利益率を上げているのだ。これは、付加価値の高い製品やサービスを高い価格で販売していることを意味している。

つまり、経営効率が良いところは高い給料を払えるし、高い給料を払っていても利益率を維持できる。一方、経営効率が悪いところは給料も上がらないし、利益率も上がらないということであって、給料を削ったからといって利益は上がらないと、このレポートは言っているわけだ。

レポートの下位150社のすべてとは言わないが、利益率が低い企業の場合は結局、経営者から平社員までモチベーションが下がっているために〝**稼ぐ力**〟が醸成されていないところに最大の弱点があるはずだ。その理由は、経営陣から中間管理職まで自分が勤めているあいだは、会社は潰れないという意識がどこかにあるからだと思われる。

だから、自己保身のために前例のないことはやらないし、何も手を打たないということになって、下のほうの社員はそれがわかっているから、こんな会社にいても仕方ないと思いつつも、残業代を稼ぐことにしか頭が回らないという負のスパイラルが定着してしまうことになる。

さらに言えることは、いま日本企業の多くがインセンティブ（意欲向上や目標達成のための刺激策）を失っているということだ。

とりわけ関連企業や団体とつながっている企業経営陣の場合、リタイヤしても別会社の社長や社外取締役などのポストに就ける。だから、長年勤めた会社の経営が傾こうと痛くも痒くもないわけで、既得権益を行使できるそうした企業に元々インセンティブなどあるわけがないし、これは、官僚の天下りの図式とまったく同じで、悪しき慣習と言うほかない。

利益率が高く社員への報酬が高い企業を学生たちが重視するのは当然の成り行きだろう。したがって、こうした学生たちを採用する側の企業としては、不断に企業価値を高めていく必要があるのだが、人材を有効化できない非効率なシステム、〝会社主義〟という官僚型のシステムに凝り固まっている企業には、優秀な人材は集まらないということに、この話は帰結する。

経営者はあまり若すぎない30代後半〜40代あたりがいい

私は自ら投資する場合も、ソニーなどの一部の大手企業を除いて、基本的にはオーナー企業で、かつ社長が筆頭株主もしくは大株主という企業を選択している。

なぜならば、会社の成長が自分の財布に直結しているとインセンティブが大きく働き、それが企業価値を高めることにつながるからだ。

インセンティブというと、会社全体の業績と連動する「ストックオプション制度」や「従業員持株会制度」を思い起こす人が多いだろう。取締役も社員も自社の株価が上がれば上がるほど利益が大きくなるので、株価を上げるために一生懸命働き、それが会社や株主にとっての利益となるという仕組みは、いかにもアメリカ的だ。

ちなみに日本では、1997年までストックオプションの制度は認められておらず、新株引受権（会社が発行した株式を優先的に引き受ける権利）に基づく擬似ストックオプションという制度をソニーやソフトバンクが初めて取り入れている。

当時、大幅に株価が下落したこともあって、1997年に景気対策の一環として商法上初めてストックオプションという制度が設定されたわけだが、以降、この制度を導入する企業がどんどん増えた。

インセンティブについてさらに言うと、経営者自身にどれほどのインセンティブがあるかが、とくに投資家にとっては気になるところだろう。

私がこれまで企業訪問をしたり、いくつもの株主総会を見てきて気づいたことは、もちろん例外はあるが、経営者の年齢はあまり若すぎない30代後半~40代あたりがいいということだ。

学生時代に起業したコインチェックのように、当初はよくても、20代だと脇の甘さが出る場合があるので、ある程度社会に揉《も》まれて、世間とうまく渡り合えるくらいの経験を積んだほうが、経営者としてふさわしいように思う。

私がこれまでにお会いした30代後半~40代の社長さんの中から好印象を受けた方を紹介すると、第1章で紹介したメディアドゥホールディングス（3678）の藤田恭嗣社長、SNSマーケティングを手掛けているアライドアーキテクツ（6081）の中村壮秀《なかむらまさひで》社長、オンライン旅行事業と訪日旅行事業などを展開しているエボラブルアジア（6191）の吉村英毅《よしむらひでき》社長、障害者の就労支援サービスや学習教室を手掛けているウェルビー（6556）の大田誠《おおたまこと》社長、医療アシスタンス事業、ライフアシスタンス事業を2本柱にしている日本エマージェンシーアシスタンス（6063）の吉田一正《よしだかずまさ》社長（少し年上ではあるけど）などで、いずれも時価総額が500億円以下であるものの、非常に伸びしろのある企業だと思っている。

こうした新進気鋭の社長さんたちと話すと、斬新な視点で日本の未来を語ってくれるので、聞いているうちにこちらの気分も高揚してくるし本当に明るくなる。

一方、旧態依然の経営システムから脱却できない大手企業の年配者たちは文句ばかり言っていて、マスメディアの悲観論に乗せられていることもわからずに、「日本は暗い」「日本の未来には問題が山積している」などという話を繰り返しているので、この両者の2極化はこれからさらに顕在化してくると思う。

メディアドゥホールディングス藤田社長へのインタビュー記事

前項で挙げた素晴らしい経営者の方々を代表して、四季報オンライン（2018年5月16日）に掲載されたメディアドゥホールディングス藤田恭嗣社長へのインタビュー記事「電子書籍の取次で売上高1000億円を目指す」を以下に紹介しておきたい。

スマートフォンやタブレット端末向けに電子書籍の取次サービスを手掛けるメディアドゥホールディングス（3678）。2013年11月に上場以降、増収増益を続けている。その将来性に目をとめたエミン・ユルマズ氏が藤田恭嗣社長に直撃インタビューを行った。

――1994年の大学3年在学中に起業された経緯を伺えますか。

当時の私は大学を卒業して就職するという感覚がまったくありませんでした。自分はどのような会社に就職したら成長でき、良い人生が送れるのかピンとこなかったので就職はしないと決めたのです。

そして、自分が成長できる環境に身を置くことが重要であろうと考えて、2年間アメリカに行きたいと考えました。そのための費用は800万円かかる。それを1年半で貯める方法を考えると自分で事業を起こすしかなかった。それがきっかけです。

――最初に携帯電話の販売を手掛けられたそうですが、その理由について他のメディアのインタビューで「単純にニーズがあったから」と発言されています。そのようなビジネスマインドを持つに至った理由は何にあるのでしょうか。

私は地方出身ですし、父親も母親も公務員だったので商売には無縁でしたが、「とにかく何か面白いことをしたい」という想いは昔からありました。たとえば昔流行ったキン肉マンの消しゴムがありまして、それを自分で買ってきて利益を乗せて友達に売るといったことをしていました。

――小学生のときからすでに近江商人のようですね（笑）。ちなみに社名の由来はどこからきているのですか。

そもそも我々は社会に必要とされ続けることが重要であると。モノとモノ、人と人、モノと人を媒介する役割を担うことができたとすると、いつの時代でも我々は求め続けられると思いました。そして、媒体（メディア）となり、媒介を実行していくので「ドゥ」をつけて「メディアドゥ」の社名が生まれました。

――具体的にいまどのような事業を行っているのでしょうか。

主な事業は電子書籍の取次です。各出版社がつくった電子書籍データをお預かりし、日本中の電子書店に卸すというものです。

――メディアドゥグループが取り次ぐことで、どのような付加価値が生まれるのでしょうか。

たとえばある会社が電子書店事業を始める場合、国内で電子書籍を扱う出版社は千数百社にものぼり、その一社一社と契約交渉するのは現実的ではありません。弊社が仲介業者として出版社と電子書店をつなぐことで、電子書店にとっては初めから多くの作品を取り扱うことができるというメリットがあります。出版社側から見ても、多くの電子書店との取引窓口を一本化することができます。

――実は自身のTwitterでこのインタビューの前にアンケートを実施してみました。結果は、電子書籍しか買わない、もしくは主に電子書籍を購入するという回答が全体の35%でした。実態もこれに近いのでしょうか。

そうですね。ただ漫画に限ると売上全体のうち半分以上を電子書籍が占めています。一方で、たとえばビジネス書の電子版はまだ売上全体の2割程度しかありません。出版社が電子化するのにかかるコストが漫画に比べるとはるかに高いことも原因の1つです。漫画はだいたい1冊数千円でデジタル化できますが、通常のビジネス書は2万〜10万円くらいかかります。さらにマーケットが小さいのでなかなかペイしない。

また電子書籍はスマホがプラットホームになっていて、隙間時間のだいたい30分ぐらいで読まれます。漫画は20～30分で1冊読めてしまいますが、同じ時間でテキストの本を1冊読めるかというとなかなか難しいですよね。こうしたことから、電子書籍は漫画に向いていると言えます。

——ということは、ビジネス書も30分で読めるものがいいということでしょうか。

そうですね。そこで2016年にスマホで10～15分でビジネス書が読めるように本の要約サービスを手掛けている株式会社フライヤーを買収しました。また出資している株式会社エーアイスクエアと共同で、AIが自動で文章を要約するサービスも開発中です。

——電子書籍全体の市場規模とその中で漫画はどの程度のシェアを占めていますか。

市場規模は3000億円弱で、そのうち漫画は全体の8割を占めます。書籍と雑誌がそれぞれ残り1割となっています。

——最近の「漫画村騒動」はどのような影響がありますか。（※漫画村騒動：違法性が指摘されていた無料の海賊版漫画ビューサイト『漫画村』が引き起こした事件）

弊社のミッションは、「ひとつでも多くのコンテンツを、ひとりでも多くの人へ」です。これは著作権法の第1条に由来しています。1条は大きく分けて2つの趣旨があります。著作物は文化の発展に寄与するものであるということ、もう1つは利用と保護の調和が大切だということです。今回の漫画村の騒動は、保護をまったくしなかった点が問題です。我々のシステムでは作品が読まれた分をきちんと作家に還元します。そうでなければ、新たなコンテンツが生まれ、業界全体が発展していく、というサイクルが失われてしまうでしょう。

――最近韓国でビジネスを始めたそうですが、今後はどのように海外で展開していく計画でしょうか。

大きく分けて2つの可能性があると思っています。1つ目は既存の日本のコンテンツをその国にあうようにカスタマイズして売っていくことです。2つ目は海外企業との資本業務提携ですね。

――電子図書館事業も展開されていますが、具体的な内容を教えてください。

紙の図書館と同じように電子書籍を貸し出すサービスです。電子書籍だからといって全員が読み放題というわけではありません。紙の本と同じように図書館が3冊分の権利を買ったとすると、3人までしか読めないようにアクセス制限がかかります。ネット上のリアルな図書館といったところで、自治体のサービスの一環として、そのエリアの住民の方のために提供されるものです。

——競合他社はどちらになるのでしょう？

電子書籍の取次業界は3社から構成されていました。売上規模の1位は出版デジタル機構、2位がメディアドゥ、3位がモバイルブック・ジェーピーですね。そして昨年3月に1位と2位が統合した結果、電子取次の市場ではおそらく80%の以上のシェアがあるでしょう。現在は電子書籍業界全体の中でいかに存在感を発揮していけるかを重視しています。

——統合で売り上げ規模が大きくなりましたが、最終的な目標数字はありますか。

最低でも売上高で1000億円、EBITDA（税引前利益に支払利息、減価償却費を加えて計算される利益）で100億円を目指したいと思っています。

――現在の営業利益率はだいたい3%前後です。今後改善する可能性はありますか。

これから改善してくると思います。出版デジタル機構とメディアドゥの業務が重複しているので、3月にオフィスを統合して業務の効率化を進めています。また、現在はシステムの大規模開発をしているので外注コストや人件費などのコストが相当かかっています。一度完成すれば今後はそうしたコストがかからなくなります。

――大きな質問となりますが、これからの日本をどう見ていますか。

東京に一極集中していて、東京病が蔓延していると感じます。しかし、テクノロジーの発展によって、東京でしかできなかった仕事がそのまま地方でもできる時代が到来しつつあると思っています。経済的にも東京に住むとなると1DKにしか住めないところが、地方であれば同じ収入で3LDKに住めるわけです。こうして東京にいなければならない理由が減っていくでしょう。実際我々が徳島に子会社をつくったことも、地方創生の意味合いもあります。そこで今度、漫画図書館やキャンプ場などをつくろうとしています。

――最後の質問ですけど、藤田社長のご趣味はなんですか。

一番の趣味は料理ですね。漬物から、おひたし、味噌汁やカレー、フレンチのフルコースやイタリアン、中華までだいたい何でもつくります。ですからお皿、お箸などの食器やら、フライパンなどの調理器具にもすごく凝りますね（笑）。

このインタビューを終えて一番印象に残ったのは、藤田社長の「テクノロジーの発展によって、東京でしかできなかった仕事がそのまま地方でもできる時代が到来しつつある」という言葉だった。第1章でAIやVRについて述べたとおり、私はこの意見にまったく同感である。

ジャポニスムの再来

ジャポニスムは19世紀の最後に流行った日本趣味のことで約50年間続いた。19世紀半ば以降、フランスを中心に印象派の絵画やアールヌーボーの工芸など、西欧美術の各分野にジャポニスムの影響が顕著に見られるようになったのは、周知のとおりである。

私は、このジャポニスムがもう一度世界で起き始めているのではないかと思っている。ポケモン GOの世界的ブームで日本のコンテンツがいかに強いか気づいた人が多いと思うが、ジャポニスムが起きているのはアニメ、漫画やゲームなどのコンテンツだけではない。私がそれを実感したのは、トーキョー・ベース（３４１５）のメイドインジャパンにこだわった事業展開だ。アパレル業界の不振が続く中、同社の売上高は今期32％増収、営業利益は36％の増益予想と絶好調である。

現在、国内のアパレル各社は原価率を少しでも下げるために、中国をはじめとする海外での大量生産に依存し、個性がない上に低品質の製品が多くなっている。

一方、同社のオリジナル商品は国内工場と直接取引しており、発注から販売までの期間が2〜3カ月と中国などで生産した場合の半分程度ですむため、質が高く、シーズン直前の流行を取り入れた商品展開が可能になっている。

同社の成功ぶりを見ると、これからの生産の考え方は単なる製造コストということでなく、トータルでコストを考えることが非常に大事になってくることがわかる。

たとえば、デリバリーからカスタマイゼーションから何から何まで、トータルでコストを考えた場合、日本でつくったほうが品質がよいとか、不良品が出ない、メイドインジャパンという付加価値が付くので高く売れて、かえってコストが安くなるというように、トータルコストで考えた場合のメリットの大きさを重要視する必要がある。

PCメーカーとして知られるアメリカのヒューレット・パッカードや中国のレノボも日

本各地で拠点を展開しているが、やはりアセンブリ（組み立て工程）コストだけではなくトータルコストで事業展開を考えているからだと思う。

訪日ブームで日本に来た観光客がメイドインジャパンの製品を購入するというのも、新たなジャポニスムの顕れだろう。とくに食料品、子供用品、化粧品、健康関連商品などは安さよりも品質が問われるので、メイドインジャパンの優位性は揺るぎないところがある。

また、コスト軽減のために海外に製造依頼している製品が多いとはいえ、生産管理が行き届いているので、廉価であっても「えっ、これが100円？」という製品を提供している「100円ショップ」は日本特有のものである。来日した観光客の多くが驚くのも無理はない。

つまり、日本に限って「安かろう悪かろう」はなく、高級品の品質も高く、細部までこだわるメイドインジャパンは、他の民族が真似できるようなものではないので、新たなジャポニスムの動きは今後、さらに活発化していくと思う。

日本には、まだ「ジャパン・アズ・ナンバーワン」の余韻が残っている

日本経済は1980年代にハイテク景気の黄金期を迎えて、この時期を象徴的に表す言葉として「ジャパン・アズ・ナンバーワン」という表現がしばしば用いられた。

この言葉は長年日本にいて、日本の政治・経済・社会を研究していたアメリカの社会学者、ハーバード大学のエズラ・ヴォーゲル教授が1979年に著した書籍のタイトルで、日本型経営によって高度成長がもたらされたことなどを評価し、日本の時代が訪れることを予測した書として知られている。

この時期はメイドインジャパンが世界的に評価され、日本が得意とするものづくりのパワーによって、自動車の生産台数は世界1位となり、円安・ドル高の追い風もあって家電製品や半導体などのハイテク分野も世界市場を席巻し、ソニーのウォークマン、日本ビクター（現JVCケンウッド）のVHSビデオ、任天堂のファミコンなどが超ヒット商品となった。

まさにこの時期は日本の黄金期だったわけで、日本の資産でアメリカ全土が買えるとか、

日本円がドルに並ぶキーカレンシー（基軸通貨）になるとか、東京がニューヨークやロンドンに匹敵する金融センターになるなどと、まことしやかに言われたこともあって、あれが瞬間的に日本が世界の先頭に立った時期だったというエコノミストや経済評論家が多い。

しかし振り返ってみれば、今度は先頭に立ったら立ったで、次に日本はどうすればいいかということになったはずだが、政治的にも経済的にも何らかのビジョンを見出せなかった。敗戦後、焼け野原になったあとの高度成長期のリアクションのままで、結局、日本経済は先頭に立った時点でブレーキがかかり止まってしまった。これは非常に残念なことだ。まさにワールドカップのベルギー対日本戦のように、日本が2対0でリードしたものの、そのリードを守れず逆転負けを許したような状況だったと言える。

日本にはほんの10年前まで技術を過信していたところがあって、私はこれまでいろんな業種の経営者と話をしてきたなかで、まだ「ジャパン・アズ・ナンバーワン」の余韻が残っていることを実感した。

とりわけ東京の大田区や、関西の場合は東大阪市などに、優れたものづくりで高い評価を得ている中小企業が多いわけだが、自ら立ち上げ、培ってきた技術にこだわりと愛着があるがゆえに、転換しなければならないときに転換できなかったということがあったように思う。

もちろん、大手企業の傘下にある中小企業の場合は、受注のノルマを果たすだけでも精一杯で、事業の方向転換ができなかったということもあっただろうから、親会社と下請けという関係にあって経営判断するのは非常に難しいことは理解できる。

しかし、事業が好調なときにこそ、時代の流れを見据えて何らかの先手を打っておくべきで、それができなければ、せっかくの土台は崩れ、いわゆる「企業30年説」で終わってしまうことになる。

日本のこれまでを振り返ると、日本人は自分の力を過信しているときはダメで、逆に危機感を感じて追い越さなければならないと思ったときに、きわめて稀有な力を発揮するのだろう。競走馬にたとえるならば、最終コーナーまで手綱を締めて、ゴール直前で抜き去る差し馬で丁度いいように思う。

日本はもっとシンクタンクを育てる必要がある

アメリカの場合は少なくとも50年スパンで国家戦略を考えているということをすでに述べたが、日本の場合は政治的にも経済的にも、民間の事業経営においても、とくに長期的な戦略を立てていくことが肝要だろう。

そのためには頭脳を集結する必要があるわけで、現在、日本国内には約110社余りの民間のシンクタンクが存在するものの、特定の分野・地域に特化した、どちらかというとコンサル業務の色合いのほうが強いシンクタンクが多く含まれているので、総合的なシンクタンクの数はまだ少ないと言えるし、その質自体を改善していく必要があると思われる。

ちなみにアメリカのシンクタンクの数は約400社に上り、政府や議会に対しても一定の影響力を与える存在になっている。

日本の主なシンクタンクは、企業グループに属するシンクタンクとして日本総合研究所、三菱総合研究所、野村総合研究所、富士通総研、大和総研、ニッセイ基礎研究所、NTTデータ経営研究所などが挙げられ、いずれも企業グループが手掛けている事業分野の分析・研究を専門的に行っている点が特徴的だ。

このほか、ちばぎん総合研究所、群馬経済研究所、静岡経済研究所などの地域経済を中心に分析・研究を行っているシンクタンク、みずほ総合研究所、りそな総合研究所などの都銀系のシンクタンク、さらには軍事や農業の分野に特化したシンクタンクなども存在する。

政府系シンクタンクとしては日本国際問題研究所（JIIA）とアジア開発銀行研究所（ADBI）があり、前者は中・長期的視野にたって国際問題を研究することを主たる目的とした総合的な国際問題研究機関で、後者はアジア地域の開発途上国を対象に、各国の社会・経済状況を分析し、適切な開発戦略を研究・策定するとともに、各国内の開発関係機関の能力向上を支援することを目的に設立されている。

毎年、米ペンシルバニア大学が公表している「世界有力シンクタンク評価報告書2017」によると、世界のシンクタンク数は6600以上に上り、ベスト100位内にランキングされた日本のシンクタンクは14位の日本国際問題研究所、26位のアジア開発銀行研究所の2つだけで、この事実は見逃せない問題だ。

日本のシンクタンクは財界や企業主導で設立されたケースが多く、関係する組織への貢献が優先されるため、他の先進諸国に比べて政治、経済、外交、文化などに影響を及ぼすことが少ないとされている。その背景には、日本の官僚機構が政策、制度設計、行動計画などを長く独占してきたこともあったようだ。

シンクタンクの強みは、各専門分野の分析・研究データとデータの活用方法が長期にわたって蓄積されていることだ。だが、せっかくのデータも伸び悩んでいるシンクタンクを改善しなければフルに有効活用できないだろうし、企業グループ内だけとか所属団体だけというような縦割りの考え方では、さまざまな分野で諸外国に後れを取ってしまうことになる。

したがって、その縦割りの考え方をもっと柔軟にシンクタンク同士が部分的にでもいいから情報を共有できるようにするとか、北米、南米、アジア、欧州、中東等々に対する長期戦略を徹底的に深掘りする専門部門を新設するとか、あるいは外交、防衛、金融、エネルギー、産業等々について長期にわたって戦略を立てる専門チームを新たにつくるなど、何らかの手立てを講じる必要があるだろう。

そこに新しい頭脳をどんどん投入してシンクタンクの数を増やしていくと同時に、従来のシステムをもっとアグレッシブに変えていかないと、前項で述べたように日本経済が再び先頭に立ったとしても、またブレーキがかかって止まってしまうことになりかねない。

日本には独特の商社という文化があるが

日本には独特の商社という文化があって、江戸時代から続いてきた三菱、三井、住友、安田の4大財閥をはじめ、鴻池、伊藤忠等々も含めた財閥がこの文化を培ってきた。

いずれも江戸時代から明治時代にかけて、海運、精錬、紡績、両替などで財を成して幕末維新、富国強兵、第一次世界大戦といった大きな時代の流れに乗って成功を収めてきたわけだが、名前は商社であっても実質上はインベストメントバンク（投資銀行）の役割を担ってきたと言える。

とくに先の大戦後の高度成長期においては、フィナンシャル（金融）機関として大きな役割を果たし、それ以降も、海外における地下資源開発・鉄道・道路・建設土木などのインフラ事業を積極的に展開しており、各財閥系関連企業がその恩恵を享受している。

したがって、傘下とか系列という結びつきが強固なために、日本の商社ならではの既得権益が守られているところがあって、当面、この流れが大きく変わることは考えにくいものの、次第に既得権益が失われていくというのが自然な流れのように思う。

アメリカの場合、インフラ事業と言えば大陸横断鉄道という壮大なプロジェクトが想起される。完成に要した期間は1859年から1869年までの10年に及び、リンカーン大統領の下、南北戦争の真っただ中に建設された。

政府は、広大な公有地を無償で払い下げたり、巨額資金を低金利で貸し出したり、鉄道債を購入するなど、優遇措置を取ることでこの大プロジェクトを支援し、J・P・モルガン、ジョン・ロックフェラーのスタンダード・オイル、アンドリュー・カーネギーのUSスチールなどがファイナンス（必要な財源）と技術を提供して、産業と金融がうまく結びつくことで大陸横断鉄道が完成している。

つまり、アメリカには商社という機能はなく、財源は政府と投資銀行と産業大手が提供していたわけだ。

一方、日本の場合は、商社が投資銀行の役割も果たしてきた経緯を振り返ると、商社と投資銀行の境目の曖昧さ、さらにはメガバンクなどのファイナンスに保守的な姿勢が見えてくるわけで、ここを改善しなければ、せっかく有望視されているプロジェクトも新興企業も金融の恩恵を受けずに伸び悩むように思う。

先に紹介した新興企業の経営者たちは、まだ大きな企業が手掛けていない、ニッチな分野で事業を展開しており、いまはニッチであっても10年後にはメインストリームになる可能性を秘めた企業ばかりだ。

Ａｐｐｌｅは１９７６年に設立されているのでやや古いが、Ａｍａｚｏｎの設立は１９９４年、Ｇｏｏｇｌｅの設立は１９９８年であるから歴史が古いとは言えないし、アメリカの時価総額上位の企業のなかには、歴史がまだ浅い企業が多い。

日本の場合を見ても、ソフトバンクの設立は１９８１年、ファーストリテイリングの前身は１９６３年の設立であるものの、１９９４年に広島証券取引所に上場、東証1部に上場したのは１９９９年と、両者とも古い企業とは言えないし、１９７０年代に設立されたキーエンス、ファナックもまだ若い企業と言える。

よって、伸びしろのある新興企業が10年後、20年後にどれほど大きな企業になっているか予想はつかないが、アメリカにも日本にも歴史は浅くとも大きく飛躍している企業があるわけだから、やはり何といってもファイナンスが必須になるので、商社も銀行も新興企業を支援してほしいと思うし、証券会社の場合はもっとマーケットにコミットして上場間もない新興企業の株式を営業してほしいと思う。

日本の銀行は必要なところにお金を貸さないから儲からない

現在、銀行の株はことごとく下がっていて、その理由は金利が低い状況にあっても古典的なビジネスしか行っていないからだ。借りたくないところにお金を貸したがり、本当に必要なところにお金を貸さないのでは儲かるはずもない。

多くの銀行がこうしたことを繰り返していて、ファイナンスについて勉強しているようにも思えないし、これからどういった企業が伸びるのか知ろうともしていないようだ。シンクタンクの機能を持っているメガバンクなどは、一体何をしているのかと思ってしまう。

銀行業界の低迷ぶりは会社四季報に如実に顕れていて、銀行、信用金庫の情報を個々に見ていっても惹き付けられるような点はほとんどない。したがって、私の会社四季報は付《ふ》箋《せん》だらけだが、後ろのほうの銀行欄の付箋はごくわずかだ。

そして私がどういう理由で、そのわずかな付箋を付けているのかというと、たとえば各欄に「事務作業軽減のために軽量店舗導入」「企業コンサルを強化」「○○と提携」「駅構内のＡＴＭ増設」といった一文を見出して、他では見られないことにチャレンジしているかどうかをチェックしているからだ。

本当はファイナンスする企業が山ほどあるはずなのに、そういった有望株を探さないというのは、敢えて探そうとしないのか、探す能力がないのか判然としないが、従前どおりの業務をこなしているだけでは大きな利益は望めないだろうし、株価に顕れているように銀行業界はジリ貧になる一方だろう。

要は、ある程度リスクを取って投資銀行的にファイナンスを積極的に展開していくことが、銀行にも信用金庫にも求められるということだ。

魅力的な投資先があれば、眠っているタンス預金（２０１６年の日本銀行の調査報告では78兆円）に流動性が生まれ、利回りが実質０％に近い預金・保険・年金・債券などの安全資産に重きが置かれている個人金融資産も、株式や投信などに流れることが期待できる。

日本の対外純資産は世界一であり、個人金融資産は２０１７年3月の時点で１８０９兆円とアメリカの８４００兆円に次いで世界第2位である。しかし、その多額の金融資産を十分に活かし切れておらず、宝の持ち腐れという状態だ。

では、なぜ日本の場合、安全資産に重きが置かれてきたのかというと、高度成長期にものづくりに励み、製造業が文字通りの成長エンジンの役割を果たし、大きな成果をもたらしたので、額に汗して働くことが尊ばれ、非製造業のなかでもとくに金融業が軽んじられてきたからだ。

1985年～1990年に空前の株式投資ブームが起こったが、バブル、マネーゲームという言葉が流行って金融業を虚業と見る傾向が強かった。こうした傾向が日本人のあいだには根強く残っていて、多額のタンス預金、世界第2位の個人金融資産という形になって顕れているわけだ。

これは余談ではあるが、タンス預金と言えば興味深い話があった。

自然災害があった日本のある地域で、道が閉鎖されて困っている人のために、お金を引き出せるように銀行がヘリを使ってATMを臨時的に設置したところ、1時間後にATMのアラームが鳴ったので、みながお金を引き出したので足りなくなったと思った。しかし実は逆で、みながお金を入れたためにアラームが鳴ったという。

おかげで、銀行はATMからお金を運び出すことになったそうだ。2次災害などが起きて家にあるお金がなくなると困るから、地域の人たちがATMにお金を入れに行ったわけで、つまり、それほどタンス預金があったという話だ。

資産として課税されるぐらいなら、現金でしまい込んでおいて、少しずつ子供や孫に渡したほうがいいという考え方が、タンス預金の理由でもある。また、相続税や譲渡課税のことや、銀行に預金してもわずかな利子しかつかないことを考えると、手元に現金を置いておいたほうがいいと思うのも、無理からぬことかもしれない。

しかし、お金は使わなければ、ただの紙切れで、眠らしておいても何の価値ももたらしてくれない。

したがって、銀行も証券会社も多額のタンス預金や超低金利の安全資産を流動化させることが大きな役割であり、成長が見込める事業体に積極的に投資を行って、さらなるレバレッジをかけることが、これからの責務だと考える。

ソニーのポテンシャルはきわめて高い

かつてソニーの時価総額がアップルよりも高かった時代があった。ややオーバーに聞こえるかもしれないが、私はそれほど遠くないうちに、またソニーがアップルを逆転するときがくるのではないかと思っている。

ソニーと言えば、トランジスタラジオやウォークマンのイメージが強く、国内外を問わず多くの人がエレクトロニックカンパニーだと思い込んでいるようだが、ソニーは世界最大級のコンテンツプロバイダーだ。

ソニー・エンタテイメントを傘下に抱えているし、コロンビア・ピクチャーズは6大映画会社の1つで、いろんなキャラクター、フランチャイズを持っている。

さらには世界でもっともポピュラーなゲームプラットフォームを持っていて、プレイステーションネットワーク（PSN）はきわめて魅力的だ。

キャラクターといえば、先頃（2018年5月14日）、カナダのキッズ向けブランド会社DHXメディアが、ソニーグループの音楽映像会社ソニー・ミュージックエンタテインメントに、ピーナッツ・ホールディングスの持分の約39・2％を売却することが明らかにされている。

ピーナッツ・ホールディングスは、スヌーピーやチャーリー・ブラウンといったキャラクターでお馴染みの『ピーナッツ』の作品権利を管理する会社で、DHXメディアはこのうち80％を保有していたが、そのうち49％（全体の39・2％）をソニー・ミュージックにM&A並みの1億8500万ドル（約200億円）で譲渡するという。

ソニーは、これまでにいろいろ失敗を重ねてきていて、たとえばプレイステーションネットワークが当初ハッキングにあうなど、自社グループのポテンシャルがうまく機能しなかったことがある。しかし、映画製作配給会社のコロンビア・ピクチャーズを買収したあたりから、映画、ゲーム、音楽、さらには電子書籍プラットフォームなど、世の中のコンテンツを幅広く抑えるようになった。

こうしたなか、私がとくに期待を寄せているのが、ソニーのＶＲ（バーチャルリアリティー）関連の開発だ。私は、ＶＲはブロックチェーンに匹敵するぐらいの革命的な技術だと思っている。

日本の企業は非常に先見性があって、２０１６年にソニーのプレイステーションＶＲが発売され、同年はＶＲ元年などとも言われ、盛り上がりを見せた。

ただ、プレイステーションＶＲは、ＰＳ４用のシステムだが、ＶＲは高性能のハードを必要としているため、その後ＰＳ４ Ｐｒｏが発売された。しかし、ＰＳ４ Ｐｒｏでも足りないので来年はおそらくＰＳ５が発売されるであろう。

そもそもＶＲを動かすにはパソコンが必要で、パソコン内のグラフィックカードだけでも約5万から8万円するし、機能アップのためのＣＰＵ（中央演算装置）を買い、その他のものを買い揃えると30～40万円ぐらいのパソコンになってしまう。その上、ＶＲのヘッドセットが４～５万円ぐらいかかるので、全部合わせれば結構な金額になる。

ソニーのプレイステーション　ソニーグループHPより

しかし、ソニーのプレイステーションを持っていれば、あとはヘッドセットを購入すればVRを楽しむことができるので、ソニーのヘッドセットのシェアが現在、約50%になっているのはうなずける話である。

VRの市場は、今後急速に発展していくに違いなく、その理由は従来のエンターテイメントの概念を大きく変えていくことになるからだ。これまでにもVRと言われていたものはあったが、まだまだ臨場感に欠けていたと言える。

これから出てくるVRのコンテンツは、たとえば映画のなかに自分が主役になって登場するなど、いわばストーリーやゲームに参加していける形に変わっていくはずだ。

したがって、ソニーはプレイステーション

ネットワークを持っていて、コンテンツに力があるわけだから、多様なコンテンツを活用してVRで楽しめる3D映画を世に出せばいいと私は思っている。

VRについては第1章でも述べたとおり、時間・空間を超えてリアル感を体験できたり共有できることが最大の魅力で、ゲーム、スポーツ、アート、働き方、教育、医療等々の従来の概念を大きく変えていく可能性に満ちている。

VRの臨場感を実際、私も体験したが、わずか30分のゲームで汗びっしょりになって、これまでのエンターテイメントの感覚とはまったく違っていた。頭だけではなく体力を使わなければならないものが多く、運動するきっかけも提供してくれる。今年はe-スポーツという言葉も流行り始めたが、私は近い将来e-スポーツと言われるパソコン・ゲームと実際のスポーツが融合する可能性が高いと考えている。

このように考えていくとソニーは、いまとてもいいポジショニングにいると思うし、私はこれからソニーならではのポテンシャルが発揮されると思っている。

ソニーは技術の継承ができている

技術の継承は企業にとって命綱のようなもので、一度切れてしまえばそれで終わりだ。

「不採算部門だから、○○事業から撤退します」という報道を目にすることがあるが、その事業のために蓄積してきた技術も、その事業分野で活躍してきたエンジニアの力も、ソロバン勘定だけで無くしてしまって本当にいいのかと思ってしまう。

たとえば、自動車の製造工程のなかでロボットが溶接したり、リベットを打ち込んだりするシーンを、テレビで見たことがある人が多いと思うが、ロボットを制御するコンピューターに組み込まれているシステムは、元々、一番優秀とされたエンジニアの高度な技術だ。

ロボットはメンテナンスすれば使えるからエンジニアは必要ないかといえば、そうではない。溶接するロボットであれ、他のコンピューター制御の工作機械であれ、その進歩のためにはエンジニアは絶対欠かせない。

したがって、何らかの事情があってある事業から撤退するのはいいとしても、細々とでもいいから技術は継承していくべきだ。なぜなら、いつまたその事業が復活するかわからないからである。

赤字を出してもいいからということで技術を温存しておくには、勇気がいるし決断力が求められるだろう。つまり、最後にものをいうのは経営判断力であって、軟弱な経営者であれば赤字部門からの撤退が優先されて、不採算部門を海外企業に売り渡してしまうことになる。

東芝の半導体メモリ売却のどさくさ、シャープの鴻海《ホンハイ》へのテレビと家電事業の身売り、NECパーソナルコンピュータのレノボグループ入りなど、こうした例はいくつもある。

ところが、その不採算部門を買収した海外企業がどうなるかと言えば、日本企業を傘下に置いて利益が得られる事業分野をものするとことになるわけで、売り渡してしまえばまさに後の祭りだ。

では、ソニーの場合はどうかというと、ほとんどの事業が温存されている。

ソニーはテレビ、ビデオ、オーディオ、半導体、カメラ、スマートフォンなども事業分野にしていて、映画事業からの撤退がささやかれてきたりしたが、近年の価格競争の激化で不採算事業として譲渡したのは、村田製作所への電池事業ぐらいのもので、あとは、やはり不採算事業だったパソコンの「ＶＡＩＯ」を投資ファンドのもとで独立させた程度だ。

スマートフォンは、各社がしのぎを削っている製品で、もうこれ以上ないというくらい機能が盛り込まれていて、次にどのように変化していくのかわからない。メガネやゴーグルのような形になるのか、イヤフォンのようになるのか、あるいは体に埋め込むようになるのか、皆目見当がつかない。

そうした時代を見据えて、ソニーは多岐にわたる技術を温存しつつ、次世代のスマートフォンでも利用できるコンテンツを視野に入れているように思う。

ところで、２０１８年3月の時点で動画配信大手として知られるアメリカのネットフリックスの時価総額が約１６００億ドル（約16・5兆円）となって、ウォルトディズニーを抜いて業界のトップに立ったというニュースが流れた。だが、ソニーのゲームとネットワークビジネスの売り上げは約１・95兆円とネットフリックスの売上約１１７億ドル（約１・29兆円）を軽く超えているのに、ソニーの時価総額がネットフリックスの半分以下の約７・６兆円というのはおかしな話である。

私はこれについて、Ｔｗｉｔｔｅｒで「ソニーが安いのか、ネットフリックスが高いのか？」とつぶやいたが、やはりまだソニーに対するエレクトロニックカンパニーという固定観念があって、期待感が低いということだろう。

孫正義氏は日本のウォーレン・バフェットだ

ソフトバンクを率いる孫正義氏は、経営者としてのマネジメント力が注目されているが、私はマネジメントのスキルもあって投資家でもあるところに孫さんの天才的な魅力を感じている。この両方を兼ね備えている人物は世の中にそうはいないだろうし、孫さんとウォーレン・バフェットさんぐらいのものだと思う。

天才的な経営者とか投資家というのは学問の天才よりも少ない数で、学問の天才が100人いたとしたら投資家や経営者の天才は1人しかいないというレベルだ。そうした天才はめったに現れることはない。

孫さんの並外れた先見力には驚かされることが多く、時代の流れを嗅《か》ぎ分ける高い能力は持って生まれたものだと思う。他企業を買収する際は、将来何がもっとも必要になるのか、そのためにチャレンジしている企業はどこなのかを見極める才能があるから、決断力も早い。

たとえば2017年、イギリスの半導体設計大手アーム（Ａｒｍ）を、日本の買収案件としては過去最大の約3・3兆円で買収したというのもＩｏＴ（モノのインターネット）の世界でさらなる飛躍を狙ってのことだ。

アームの買収後、ソフトバンク傘下の日本法人アームの内海《うつみ》弦《ゆずる》社長は、「日本は技術のタネができる国であり、自動車、ハイテク、ＦＡ、医療機器などの分野では技術のトレンドセッターだ。その技術のタネを使って日本の経済に貢献する活動を強い意志を持ってやれる環境が整ったと感じている」と語っていて、買収を契機としたソフトバンクの経営方針と理念が伝わってくる。

孫さんの魅力をほかに挙げれば、非常にフレキシビリティ（柔軟）があるところだ。これは儲からない、時代にそぐわないと思ったらあきらめも早い。それに交渉力に長けている点や度胸があることも見逃せない。

孫さんの図抜けた交渉力と度胸がもっとも発揮されたのは、２００６年に日本法人のボーダフォンを親会社であるイギリスのボーダフォンが、ソフトバンクに譲渡することを決定したときだろう。

この買収に際して株価が一時下落してしまう状況もあって、ソフトバンクは2～3兆円のリスクを負っていたはずで、まさに瀬戸際の交渉だったと思う。ちなみに会社名とブランド名がソフトバンクへと変更されたのは同年10月のことだった。

その後、ソフトバンクは２００８年にアップルとｉＰｈｏｎｅの販売契約を締結したことでも大きな話題をさらった。翌２００９年にｉＰｈｏｎｅ３ＧＳの販売を開始し、２０１０年にはアイパッドの日本国内独占販売も行い、それ以降、一気にｉＰｈｏｎｅの契約数を伸ばしていった。

ＮＴＴが民営化されたのは１９８５年、ＮＴＴドコモの前身であるエヌ・ティ・ティ・移動通信企画株式会社が設立されたのは１９９１年のことだった。

以来、電気通信事業はインターネット時代が本格化するにつれて、ＫＤＤＩ（国際電信電話）、東京テレメッセージ、ケーブルテレビ会社等々、そしてソフトバンクが参入する形で、激しい競争の時代に入っていった。

しかし、ＮＴＴとＮＴＴドコモには旧電電公社の色合いが強く残っていて、競合他社が苦戦を強いられる状況が続いた。とりわけ通信回線の自由化は進むことなく、ＮＴＴの通信回線を利用しなければ競合他社は事業を展開できなかったので、その利用料の軽減とさらなる自由化を求める動きが加速していった。

その先頭に立ったのが孫さんで、重要な通信インフラを改革すべくＮＴＴとの交渉を続けたわけだが、マネジメントスキルがなければ到底なし得なかっただろう。そして通信は「光」の時代に移り、モバイル機器が無線化されるにつれて、孫さんはソフトバンクグループを拡張させていった。

孫さんは「20代で名乗りを上げ、30代で軍資金１０００億円を貯め、40代でひと勝負し、50代で事業を完成させ、60代で事業を後継者に引き継ぐ」という人生50年計画を19歳のときに立てたそうだ。すでに孫さんは60歳になっているが、その強烈なカリスマ性を考えると、まだまだ引退は先のような気がする。

世界の子供たちを魅了する任天堂のソフトパワー

任天堂の強味はコンテンツを山のように持っていることだ。世界的に大流行したポケモンGOに代表されるように、任天堂はメイドインジャパンのコンテンツの強さを世界に見せつけたと言える。

日本のマンガとアニメは、広く世界に日本のカルチャーとして受け入れられていて、アメリカのハリウッドが持っているキャラクターとは、また異なる魅力で世界中の子供たちの心を掴み、とくに大ヒットしたスーパーマリオ、ドラゴンボール、ピカチューは知らない子供がいないくらいだ。

また、日本のゲームに慣れ親しんできた人は40代以下とはいえ、「ニンテンドー」で育っている年齢層はかなり広く、そのユーザーは相当数いると思われる。

2017年3月に発売されたハイブリッドゲーム機「ニンテンドースイッチ」は当初、あまり売れると思われなかったが、テレビモード、テーブルモード、携帯モードの3つのモードから好みのモードを選ぶことができたり、8台までつながるマルチプレーも可能なことから、プレイシーンに合わせてカタチを変えるゲーム機という点が受けて、売れ行き

ニンテンドースイッチのコントローラー　任天堂HPより

絶好調の商品になっている。

　さらには、同じ商品を持っていれば、世界中のプレーヤーともインターネットでつながって楽しむことができるというのも魅力的で、何よりゲームソフトが豊富で充実しているところが素晴らしい。

　２０１８年4月には、ニンテンドースイッチと合体させて遊ぶ工作キットの「ニンテンドーラボ」を発売しており、２００６年に発売した家庭用ゲーム機のＷｉｉのときもそうだったが、従来の常識を覆すようなエンターテイメントを提供している点が、任天堂の面白さだ。

トヨタの水素燃料電池車に期待する

電気自動車（ＥＶ）はエコカーのように見えて、実は大量にエネルギーを消費するクルマだ。航続距離は1回の充電で４００〜５００㎞と伸びてきたが、ヒーターやクーラーをつけるとその分、航続距離が短くなるほか、充電時間は普通充電で約8時間、急速充電でも約30分かかるという不便もある。

こうしたなか、私は充電というハードルが最終的に電気自動車を失敗させ、もう一度流れが水素燃料電池車（ＦＣＶ）に戻ってくると思っている。実はこのように考えているのは私だけではない。

ＫＰＭＧ（オランダを本部とする世界１５４カ国に展開するプロフェッショナル・サービスファーム）が毎年世界の主要自動車業界の重役約１０００人を対象に行っているアンケートの最新版によると、自動車業界の重役の過半数（54％）は電気自動車が失敗すると考えているようである。米国の自動車会社においてこの比率はもっと高く、3分の2を超える。

そして、このアンケートに参加した重役のうち、グローバルでは全体の77％（米国では85％）が燃料電池車は未来の自動車の形だと考えており、つまり、自動車業界も私とまっ

トヨタのFCV『MIRAI』　トヨタ自動車HPより

たく同じ考えなのである。

一方、ＦＣＶに取り組んでいた米国のテスラ社が財政難に陥っているのも事実で、近い将来テスラが倒産するのではないかと市場で懸念されている。テスラが倒産するようなことがあれば、世間の関心も一気にＦＣＶに向くであろう。

いまはＦＣＶのデメリットばかりが論じられていて、時代の趨勢《すうせい》から言えば電気自動車やハイブリッドカーがこれからの主流になるはずだから、トヨタはどうしてＦＣＶよりも電気自動車にもっと注力しないのだ、と思っている株主も結構いるようだ。

しかし私は、「イギリスで燃料電池の自動車を生産しようとしているベンチャーがあるそうです。いまの電気自動車は日本の低燃費ガソリン車よりエネルギー効率が悪いし、不便だし、環境に悪いです。世界は遅かれ早かれこの事実に気づくでしょう」とTwitterでも書いたが、日本の国策として水素燃料電池車にもっと力を入れてリソースを投入すべきだと思っている。

水素燃料電池車と言えば、トヨタの「MIRAI（ミライ）」、ホンダの「クラリティ・フューエル・セル」、日産の「TeRRA（テラ）」が注目されている。

なかでもトヨタのMIRAIは世界初のセダン型燃料電池自動車で、製造コストを現行の半分以下に下げた次期モデルを2020年以降に投入するということから、東京五輪が開かれる2020年の日本で見られるかもしれないと期待されている。

トヨタの豊田章男社長は2018年1月の業界団体の賀詞交換会で「トヨタは電動化フルラインナップメーカー」と断言し、「何を選ぶかはそれぞれの国の事情で変わる。お客様がどれを選ぶのかはっきりするまで、全方位で戦う」と語り、EV戦略を加速しつつ、従来「FCVの旗は降ろさない」と言ってきたとおりFCVへの投資を継続する考えを示している。

FCVは水素燃料の補給時間が1回3分と短く、航続距離も約650kmと長いなどメリットは多いが、現段階では価格やインフラ整備の点でEVより劣る。

MIRAIの年間の生産能力は2015年が700台、2016年は2000台、

2017年は3000台と少しずつ上がってきており、2020年以降はさらなる生産技術の開発によって10倍以上に伸ばすというロードマップを描いている。

したがって現在、MIRAIの車両価格は約720万円（国や都道府県などの補助金を受けると約400万円台）と高額だが、量産体制が整備されていくにつれて、次第に汎用性が強まっていくものと思われる。

「エコカーは普及させてこそ意味がある」という信念を持つトヨタへの期待は膨らむ一方だ。

第5章

複眼経済塾流 株式投資の心得

個人投資家は、もっと主体的に日本株に投資すべきだ

日本の株式市場を見ると日本株の7割を外国人が売買しており、ニューヨークダウの派生商品のように扱われている感じが否めない。

ニューヨークダウに日経ダウが連動するのが常だが、日本の投資家が日本株に買いを入れるとそこに外国人投資家が大量に空売りをかけ、日本の投資家に損をさせるということが起きていて、日本株がおもちゃのように遊ばれているケースが後を絶たない。

ダウが連動しているといっても、アメリカ株が上がるときに日本株が同じように上がらず、アメリカ株が下がるときに日本株が倍下がるのではまったく意味がないので、日本の投資家は外国人投資家の動きに便乗することなく、主体的に日本株に投資すべきだ。

日本には約1800兆円もの個人金融資産があるのに、預金・保険・年金・債券などの安全資産に重きが置かれているし、約80兆円に上るタンス預金はお金が眠っているのと同じだ。

資産を増やすためには、お金に流動性を持たせる必要があるわけで、証券会社にお任せということではなく、自ら進んで将来有望な企業を探し出し、夢のある株式投資を実践す

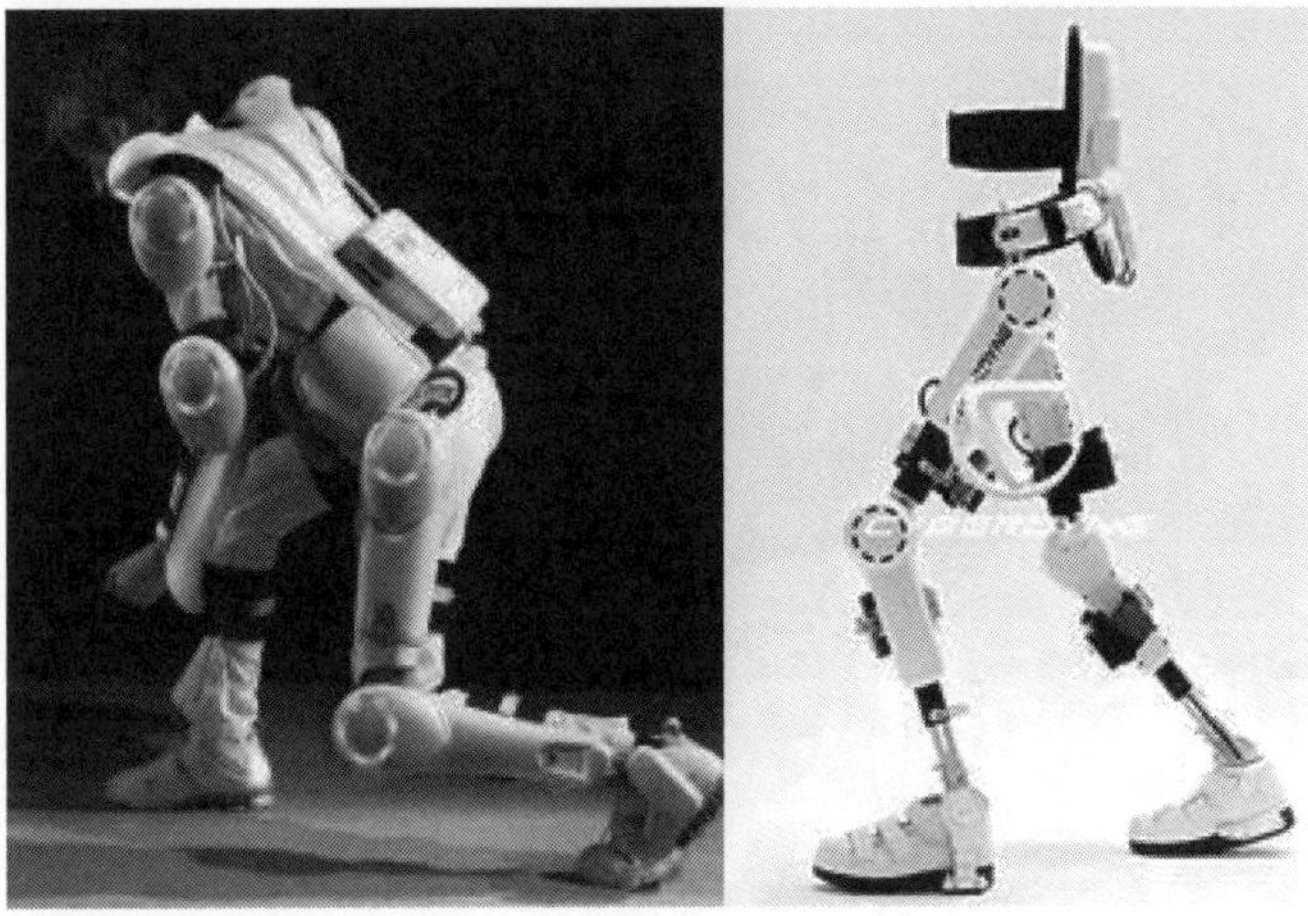

世界初のサイバー型ロボットスーツ　サイバーダインHPより

べきだろう。

前章で紹介した新興企業以外にも、日本には魅力的な企業がたくさんある。

たとえば、世界初のサイバー型ロボットスーツを製造したサイバーダイン（7779）、空気圧で稼働する「マッスルスーツ」の開発で知られる菊池製作所（3444）などは、今後、医療・介護・福祉、あるいは重作業の軽減のために果たす役割は確実に大きくなるはずだ。

藻の一種であるミドリムシ（学名：ユーグレナ）を主に活用して、食品や化粧品の販売、ジェット機用バイオ燃料の研究等を行っているユーグレナ（2931）は、大化け株として一躍有名になった。

しかし、上記の3社はいずれも常識を覆す

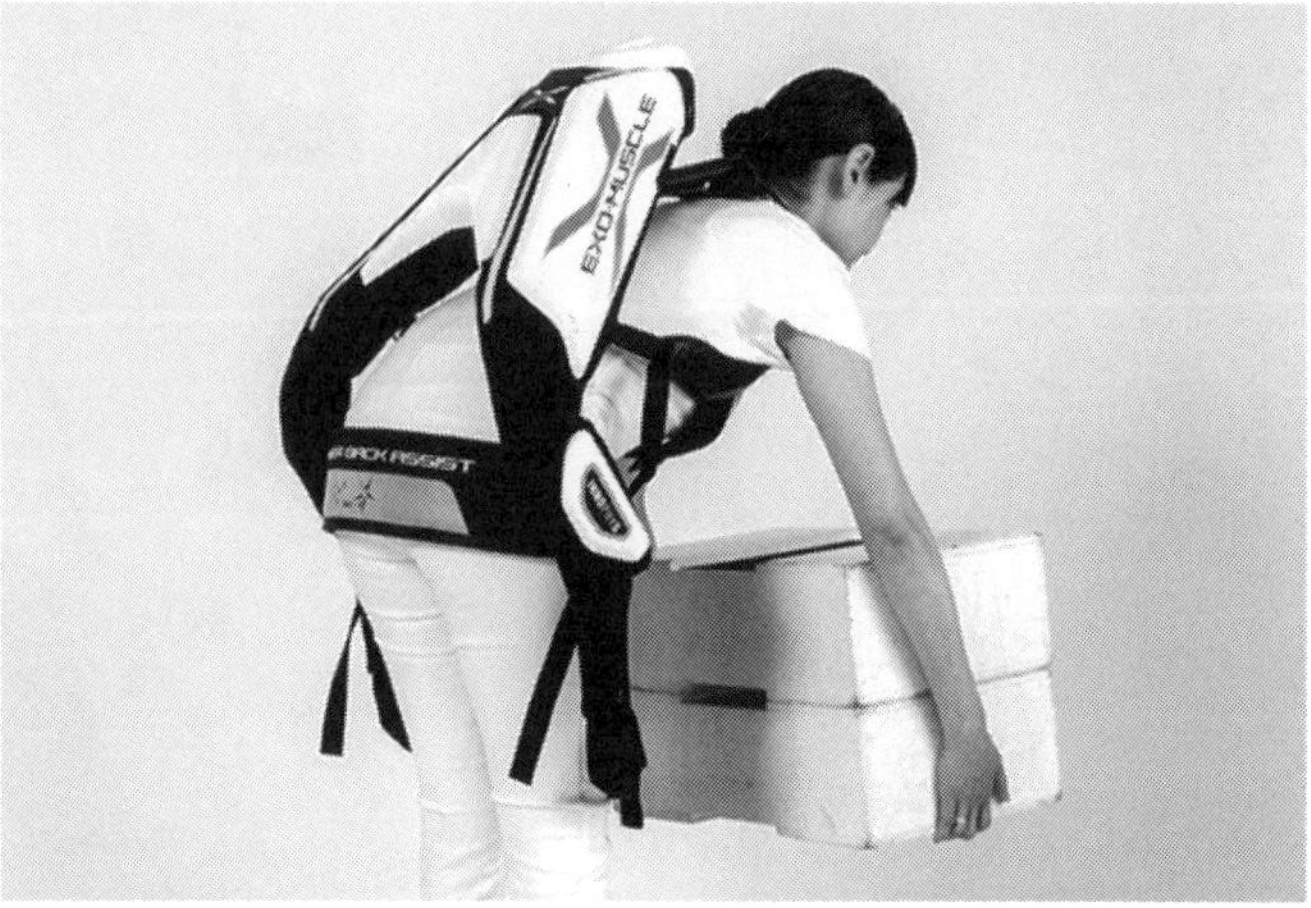

空気圧で稼働する「マッスルスーツ」　菊池製作所HPより

ような魅力に富んでいるものの、注目株は空売りファンドに狙われやすいということがあるので、私たちは、魅力的な技術を開発している企業の株を守るために、悪質な空売りファンドをブロックするタスクフォース的な役割をいつか担いたいと思っている。

私たち複眼経済塾は、将来性のある企業を応援する気持ちで株式を買っており、短期の売買で利益を得ようとはしていない。

最終的に買った株が上がって、日本経済も良くなり、自分たちも利益を得るというｗｉｎ－ｗｉｎの状況をつくることが最終目的であり、株式投資の格言に「株を買うより時を買え」という言葉があるが、日本株は長期上昇サイクルに入っているので必ずそれは実現できると思っている。

株式投資は子育てに似ている。親は何かリターンを求めることなく、長いあいだ愛情をかけて子供を育て、子供が成長して親孝行をしたり社会に役立つ人間になれば、親はそれを誇りに思うようになる。

このことと同じで、企業の株を買うことによってオーナーになり、将来その企業が大きく成長したときには、自分も大きなリターンが得られるというのが、株式投資の本来のあるべき姿だ。

しかし、さまざまな投資家がいるが、短期間の売買で儲かった、損をしたという話が主流で、証券会社の窓口に行っても専門雑誌を見ても「儲かること」ばかりに目が行っているように思うし、それは投資ではなく投機だと感じることがしばしばある。

投資はサイエンスであり、投機はアートである

投資を投機と間違えてはいけない。

投資はサイエンス（科学）であり、才能がなくても学習すれば利益を得ることができる。一方、投機はアート（芸術）と言ってよく、直感、才能、奇想がないとトレード（売買取引）に臨むことは難しい。歴史上知られている相場師であっても、投機で何回も失敗している。

20世紀最大の相場師であり「投機王」と言われたジェシー・ローリストン・リバモア（1877年7月～1940年11月）氏は、1929年の大恐慌のときに猛烈な空売りを行って1億ドル（現在の貨幣価値で1500億円）以上の利益を上げた人物であるが、4回も倒産を経験している。

日本にも是川銀蔵（1897年7月～1992年9月）氏など有名な相場師が何人もいて、それぞれに面白い逸話が残っていて興味深い。しかし、いずれの相場師も株式のファンダメンタルをよく理解していて、トレードの基礎があり、生まれ持った直感と才能があるから歴史に名を残しているわけであって、投資と投機を混同していては株式投資でリターンを得ることはできない。

50年間で資産を7000倍以上に増やした米国人の伝説的な投資家ウォーレン・バフェット氏は、「株式市場が明日閉まって5年間閉鎖されるとしても、自分が良いと思う株しか買わない」と言っていて、長期投資の姿勢を崩すことはない。

世の中には、投機に誘導する言葉が溢れている。誰しもお金の魅力には逆らえないところがあるから、ぶら下げられているニンジンとは気付かずに、仕事を辞めて安楽に暮らせるなどという思い込みから、思わず投機的な商品に手を出してしまうケースがある。だが、それで成功したとしても100万人に1人ぐらいの確率だろうから、宝くじを当てるようなものだ。

投機的な商品に手を出して一攫千金を狙っても大体うまくいかないし、素人が海千山千のプロを相手にして勝つ見込みはほとんどない。リスクが大きい空売りに手を出して、退職金をすった程度ならまだましなほうで、全財産を失った上にたいへんな借金を負ってしまったという話は、兜町に行けば山のようにある。

そんなギャンブル的なリスクを負わなくても、若いうちから株式投資の勉強をして、理にかなった投資をすれば、一攫千金で仕事を辞められないとしても、50代60代になったときにそれなりに蓄えがあって、リタイヤ後の生活を楽にすることも実現できる。

第1章で人が収入を増やす2つの方法として、パッシブインカム（お金が人のために働くこと）とアクティブインカム（人がお金を稼ぐために働くこと）について説明したが、前者を実践する方法として株式投資は最適と言える。

株式投資を勉強することによって得られるメリットは、単にリターンを得ることだけに止まらない。マクロ的な視点で物事を判断できるようになり、自分の仕事に役立つ知識も増える。そして何より情報の視野を広げてくれることが株式投資の大きな魅力でもある。

いますぐ一生遊んで暮らせる状態にならないとしても、精神的な余裕を与えてくれることが株式投資の一番のメリットだ。たとえば会社で上司と喧嘩をしたり、日常の業務に魅力を感じなくなったりしたときに、そうした余裕があれば会社を辞めることができる。私たちが勧めているのは、そうした環境づくりであって、人生に大きな余裕をもたらすことを目的にした株式投資である。

自分の生活のなかに株式投資のヒントがある

私たちは銘柄を選ぶ際に、何か特別な発明や技術をともなうものに限るということではなく、身近なもの、よく知っているもの、日頃使っているもの、利用しているものを重要なキーワードにしている。

つまり、自分たちの生活のなかにヒントを見出すようにしているわけで、そういった銘柄は大体右肩上がりになっていく。

たとえば、先に紹介したアパレル分野のトウキョウ・ベース（3415）は、〝東京発の日本製〟を売りにしているものの、何か特別な発明や技術があるわけではない。しかし、上場後わずか3年未満で同社の株価は約10倍になっている。

個人投資家のなかにはゲーム会社を好む人が多く、その理由はゲームソフトがヒットすれば株価が上がるからなのだが、私はあるゲーム会社の株主総会に行って、会場にいる人たちがゲームなどやったことがなさそうな年寄りばかりだったので驚いたことがある。

そこで思い浮かぶのが、ウォーレン・バフェット氏が言っていた「自分がわからないものに私は絶対投資しない」という言葉だ。

バフェット氏はマイクロソフトの創業者であるビル・ゲイツの大親友だが、マイクロソフトに投資したことはなく、その理由は同社の事業内容がわからなかったからだ。彼は2016年にアップル株を買うまでIT企業に投資したことがなかった。バフェット氏は「私はたとえ100年続く企業だとしても、シンプルなものに投資する」と言っている。

また「いつ馬鹿が社長になるかわからない。馬鹿が社長になっても大丈夫な企業にしか投資しない」とも言っていて、その主旨は、ビジネスモデルや技術が複雑な企業ほどマネジメントリスクが増えるからだ。難しいことをやっている企業は間違った判断をすると、何代続いていても一代で潰れる。しかし、シンプルな事業をやっている会社は誰が社長になっても潰れる危険はないということだ。彼はコカ・コーラが大好きで、コカ・コーラの筆頭株主でもあるが、コカ・コーラに投資したもっとも大きな理由はビジネスモデルのシンプルさである。

伝説の投資家であるピーター・リンチ氏のポートフォリオでもっとも上昇した株の1つはストッキングメーカーの株であった。彼はその会社のことを奥さんに教えてもらったという。

なにもバフェット氏やピーター・リンチ氏の真似をしなくてもいい。自分がよく行っているレストランチェーンや居酒屋チェーンでもいいし、よく買っているアパレルでもいいので、そうしたところが上場しているかどうかをまず調べて、エントリーすることが株式投資の大切なポイントになる。

自分で調べているのだから自ずと信頼度が異なるし、期待感も違ってくるはずだ。証券会社が勧めている訳のわからないパッケージ商品に手を出して、手数料ばかり取られ、大したリターンも得られないというのでは投資の意味がない。

株式投資は投機的な商品で勝負することに比べれば、はるかに単純だ。さまざまなデータを駆使しなければと思いがちだが、会社四季報をよく読み、日経新聞や他紙にも目を通して、興味深い記事があれば切り抜いておくなど、ちょっとした日頃の努力とリスクを軽減するために分散投資をすればいいだけの話だ。現に私たちはそうした方法で成果を上げている。

複眼経済塾の分散投資の成果そのポートフォリオを公開!!

私たちはインサイダー情報など、なにか特別な情報を持っているわけではない。四季報を読み、世の中に出ている情報を集め、あとは株主総会に行ったりしている程度で、誰でも手に入る情報でパフォーマンスを上げることに成功している。

私たちは会社四季報のなかから21銘柄を選んで、それを3カ月毎つまり次の四季報が出たときに入れ替えるインデックスをつくっており、2003年の9月から現在までの14年間で9・3倍になった。一方でこの期間における日経平均の伸びは2・2倍だった。

インデックスを更新する際、機械的に銘柄を入れ替えているし、成長株だけではなく機関投資家も買える大型株をインデックスに入れている。成長株だけに注力していれば、結果はさらに良くなっていたと思う。しかし、結果的には日経平均が上がっていなくてもパフォーマンスを上げることができている（図表14を参照）。

分散投資をする理由は、もちろんリスクを極力少なくするためであり、たとえばある銘柄だけに資本を集中すれば、その分リスクが高くなるからだ。

また、私たちは株価が今後10倍になりそうな株、つまりテンバガー株を選ぶ傾向がある

条件：　四季報発売日の翌日にて銘柄を入れ替え。手数料等のコストは含まず。

図表14　複眼経済塾の14年間の四季インデックス

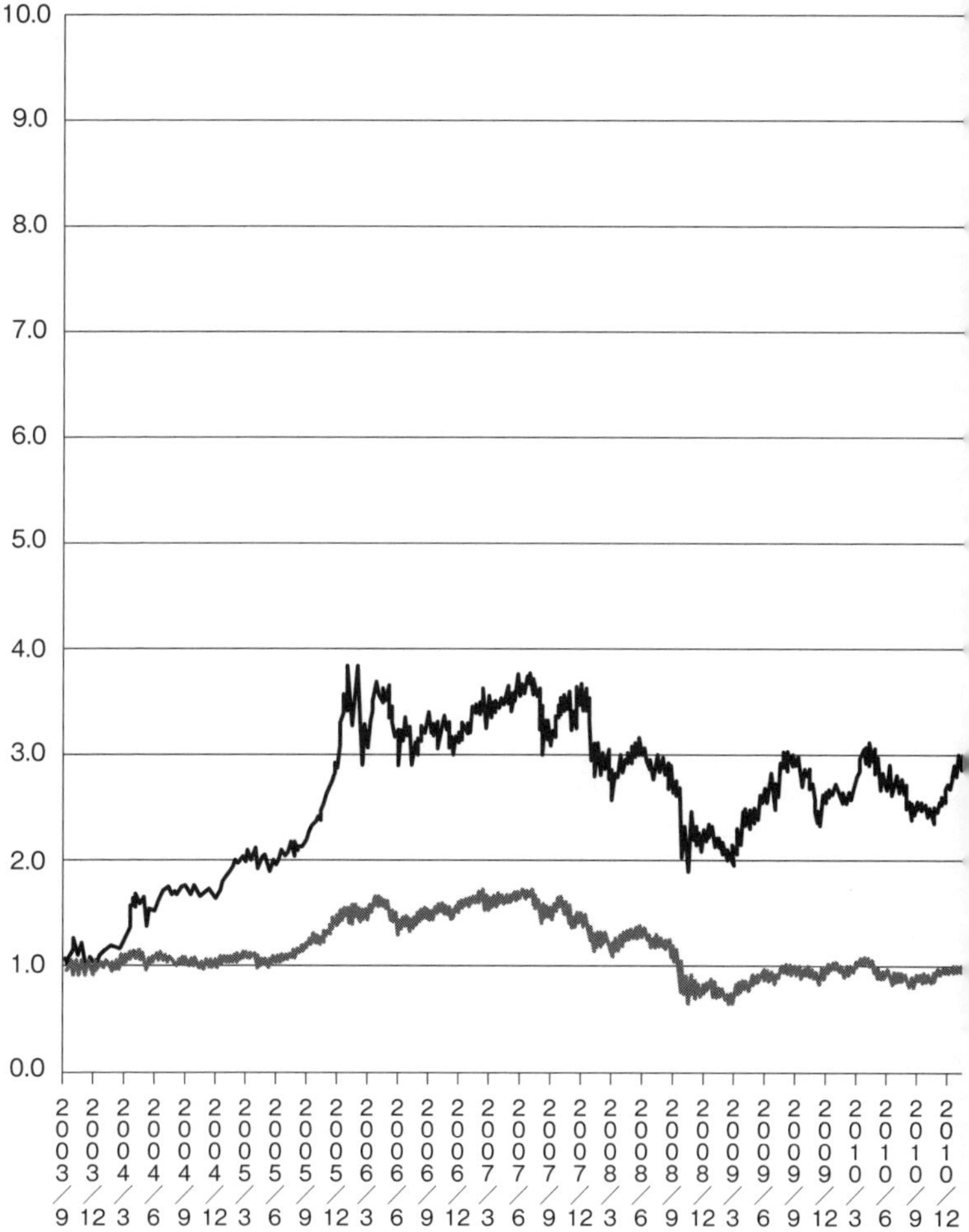

複眼経済塾作成

が、その理由は、たとえば10銘柄に投資して、そのうち1社でも10倍になる銘柄が出たら資産が倍になるからである。

2017年から株式投資家の皆さんに教えていることを自ら実践しようと思って、自社モデルファンドも始めた。自社ファンドの2017年のパフォーマンスはというと、24社ぐらいを選び1000万円でスタートして昨年末で1700万円、つまり700万円のプラスとなっており、選択した銘柄は全部中小型で、前章で紹介した中小型株なども入っている（図表15参照）。

そして2018年に入ってからは、その1700万円からの投資金を1000万円と500万円に分け、前者を渡部塾長が、後者を私が運用していて、現在、それぞれ数％マイナスになっているものの、あまり売り買いもしていないし、最終的にプラスになればいいわけで、私たちはこの程度のマイナスは別に何とも思っていない。

このように言うと、「銘柄リスクはどうしますか？　選んだ会社が破綻したら年間マイナス10％どころではないでしょう」という声が聞こえてきそうだが、その答えはいたってシンプルで、分散投資をすればいいだけの話だ。

1つの銘柄だけを保有したときの1年間のボラティリティ（予想変動率）はマーケットのボラティリティに比べて約30％高くなる。たとえばマーケットは1年間で10％動いた場

図表15　複眼経済塾　2017年自社ファンドのパフォーマンス

（2017年12月末）

銘柄コード	数量	参考単価	現在値	損益	損益(%)	評価額
3694 オプティム	200	2,387.5	2,726	+67,700	+14.18	545,200
6081 アライドアーキテクツ	600	676.6	960	+170.040	+41.89	576.000
6191 エボラブルアジア	200	1,529	2,289	+152,000	+49.71	457,800
6172 メタップス	300	1,070	3,005	+580,500	+180.84	901,500
3415 トウキョウベース	400	1,720	4,960	+1,296,000	+188.37	1,984,000
6198 キャリア	400	820	3,080	+904,000	+275.61	1,232,000
3962 チェンジ	100	4,020	7,400	+338,000	+84.08	740,000
4726 ソフトバンクテクノロジー	200	1,450	1,940	+98,000	+33.79	388,000
6187 LITALICO	300	1,199.66	2,063	+259,000	+71.96	618,900
3550 スタジオアタオ	300	1,308.3	2,875	+470,010	+119.75	862,500
2424 ブラス	200	576.5	1,070	+98,700	+85.60	214,000
3928 マイネット	200	1,174	1,678	+100,800	+42.93	335,600
6537 WASHハウス	200	2,372.5	2,653	+56,100	+11.82	530,600
6200 インソース	200	1,567	3,585	+403,600	+128.78	717,000
3678 メディアドゥHD	200	2,421.5	2,375	-9,300	-1.92	475,000
6086 シンメンテHD	300	892	1,977	+325,500	+121.64	593,100
6166 中村超硬	200	2,397	6,320	+784,600	+163.66	1,264,000
3680 ホットリンク	800	542	815	+218,400	+50.37	652,000
3660 アイスタイル	400	618	880	+104,800	+42.39	352,000
7647 音通	10,000	34	36	+20,000	+5.88	360,000
3991 ウォンテッドリー	200	1,907.5	2,589	+136,300	+35.73	517,800
3990 UUUM	100	5,430	5,180	-25,000	-4.60	518,000
6556 ウェルビー	200	2,815	3,835	+204,000	+36.23	767,000
7807 幸和製作所	100	9,200	15,550	+635,000	+69.02	1,555,000

株式（現物／一般預り）合計	評価額	含み損益	含み損益(%)
	17,157,000	+7,388,750	+75,64

複眼経済塾作成

合に、1銘柄しかないポートフォリオは40％勝っているか、40％損しているかになるが、個人投資家の場合は損しているほうが多いはずだ。こうした場合はマーケット全体のリスクはシステムリスクであり、どうにもならない。

しかし、個別のリスク（＝非システムリスク）を分散することで、それは排除することができる。25銘柄持ったときにはこのリスクを80％排除でき、100銘柄で90％、400銘柄で95％排除できる。とはいえ、現実的に1000万円で100銘柄を持つことはできないので、個人投資家は運用資産にあわせて10～20銘柄程度を保有するのが理想的である。

また、株式投資で企業の破綻リスクはゼロではないが、上場しているから会社は厳しい会計審査を受けるし、取引所に常に監視されているので突然破綻するケースはあまり見られない。株価が大きく下がることはあるが、現物で買っていれば投資資金がゼロになることはあり得ない。

複眼経済塾塾生の3カ月のパフォーマンスはプラス10％

株式投資で成功する秘訣は常に勉強することと、最初から短期で大きなリターンを期待しないことだ。ゴルフを初めて1年後に全米オープンに勝てないだろう。これと同じで最

図表16　会社四季報2018年新春号アツアツ意見交換会　関東

塾生	証券コード	紹介企業	キーワード・テーマ	3カ月パフォーマンス
1	2345	アイスタディ	人手不足	57.4%
2	2461	ファンコミュニケーションズ	逆張り	-23.7%
3	2485	ティア	少子高齢化	0.8%
4	3538	ウイルプラスホールディングス	人手不足	-11.8%
5	6040	日本スキー場開発	バブル再来	-11.8%
6	8136	サンリオ	底入れ	2.2%
7	4595	ミズホメディー	健康	64.2%
8	3221	ヨシックス	居酒屋	-4.1%
9	9385	ショーエイコーポレーション	働き方改革	79.8%
10	3981	ビーグリー	新興市場の割安銘柄	-1.2%
11	7974	任天堂	元気な会社	14.0%
12	8473	SBIホールディングス	仮想通貨・利上げ	%-0.5
13	2415	ヒューマンホールディングス	IT人材	-3.0%
14	7247	ミクニ	インド	-11.2%
		日経平均		-3.3%
		TOPIX		-2.8%
		複眼経済塾生銘柄の平均		10.8%

複眼経済塾作成

初は大きなリターンよりも、とりあえず売買手数料を引いたあとに資産が少しでもプラスになるような投資をすればいい。

複眼経済塾では、四季報発売直後に勉強を重ねてきた塾生同士で各自ピックアップした銘柄の発表会を行っており、図表の16と17が発表時の銘柄である。その過去3カ月のパフォーマンスを見ると、同時期の日経平均はマイナス3・3％であったが、塾生たちは関東・関西共に平均で10％以上のパフォーマンスを出している。ちなみにこれらは株式市場が大きく荒れた2018年1～3月期のパフォーマンスである。

図表17　会社四季報2018年新春号アツアツ意見交換会　関西

塾生	証券コード	紹介企業	キーワード・テーマ	3カ月パフォーマンス
1	3989	シェアリングテクノロジー	シルバー関連・2025年問題	-4.5%
2	7807	幸和製作所	シルバー関連・介護	28.8%
3	5609	日本鋳造	ブロックチェーン	-9.5%
4	6039	日本動物高度医療センター	ペット・シルバー関連	25.5%
5	1420	サンヨーホームズ	保育園	16.0%
6	7745	エー・アンド・デイ	割安・割高	-8.8%
7	2438	アスカネット	エンディング産業	-4.9%
8	6727	ワコム	教育	-10.7%
9	3660	アイスタイル	女性活躍	92.4%
10	7261	マツダ	日の丸EV	-5.9%
		日経平均		-3.3%
		TOPIX		-2.8%
		複眼経済塾生銘柄の平均		11.9%

複眼経済塾作成

株式投資は変なことをしなければ、1000円を入れたら1100円が返ってくる両替機のようなものだ。ただし、お金を両替機に入れるときは自分で入れたほうがいい。つまり直接投資すべきで、投信など他人がつくったパッケージ商品の場合は、1000円札を渡した途端に両替機に入るのは1000円ではなく、900円になってしまう。

つまり、手数料をしっかり取られて、運用成績は市場並みかそれ以下というのがほとんどのケースだ。これでは投資家の資金がもったいなさすぎる。

戦後70年間の日経平均の年間上昇

率はプラス10％だ。米国株も同様で中長期で株式投資は債券よりも、不動産よりも儲かっていることが統計に表れている。

1985年以降の日経平均のデータ（図表18を参照）を見ればわかるとおり、1985年から計算しても平均でマイナスにはなっていない。

もちろんバブルの最高値で買ってしまったというケースもあるわけで、それは、どの時点で買ったらいいのかという別の話になる。たとえば、バブルの真っ只中で行われたNTTのIPO（新規公開株）のときに、初値（公募価格ではなく）で買った株をそのまま

図表18　日経平均1985年以降の年間パフォーマンス

年	年間リターン（%）
1985	25.1
1986	38.8
1987	35.6
1988	15.9
1989	24.9
1990	-10.7
1991	-25.5
1992	-29.4
1993	29.7
1994	-4.8
1995	-7
1996	13.7
1997	-17.6
1998	-22.3
1999	28.7
2000	-17.1
2001	-28.2
2002	-18.7
2003	16.8
2004	11.4
2005	43.8
2006	7.5
2007	-8.3
2008	-42.2
2009	-17.3
2010	-3
2011	-17.3
2012	22.9
2013	56.7
2014	7.1
2015	9.1
2016	0.4
2017	19.1
2018	?

複眼経済塾作成

にしておけば、**購入時のお金が戻ってくるのに26年もかかる計算**（配当も入れて）になる。

だが一方には、２００７年11月にＲＩＺＡＰ（２９２８）の株を買っていれば10年間で約２５０倍になり、株価が30分の１まで売り込まれた時点で購入していれば１２００倍以上になっていたという話もある。

したがって、買い時のタイミングは無視できないことになるわけだが、私たちは企業のストーリーで買っているので、ストーリーが続いている限りはキープするというのが基本的なスタンスだ。

下がったら売ってもいいが、上がったら売ってはダメ

個人投資家の多くが、10％ぐらい上がったら売ってしまって利益を確定するようにしている。これは、個人投資家が一番やってしまう間違いで、下がった場合は売らずに上がった場合はすぐ売ってしまうのが常だ。

だが、これはまったく逆で、下がったら売ってもいいが、上がった場合は売ってはダメだ。上がった瞬間に利益を確定させたいという気持は理解できる。それは自然な本能だからだ。しかし、投資はある程度、本能に逆らわなければならないときがある。

どうして上がったら売ってはダメかというと、そのままポジションを維持していなければ10倍、20倍、あるいはそれ以上のリターンが得られないからだ。

たとえばトヨタの株は1950年から2015年まで株価が12万7000倍になっている。1950年に23・5円で1000株（＝2万3500円）買っていたら、2015年3月に約30億円になっていた。もちろんこんなに長く待つ必要はない。トヨタ株が10倍になるには2年間、100倍になるには6年4カ月、1000倍になるには10年5カ月かかった。1960年10月に1000倍になったのである。資産が1000倍になるなら10年は決して長くないはずだ。直近でいうとソフトバンクやファーストリテイリングも株価が20年間で100倍以上になっている。

自分が選んだ企業のストーリーがすでに崩れているのに、まだ儲かるかもしれないという思い込みから塩漬けにしてしまうケースがある。それは損失を確定させたくないという理由にすぎず、なぜ売らないのか理解できない。

単純な話、10倍以上になっている銘柄がいっぱいあるのに、どうして少ししか儲からないかというと10％程度上がったら売ってしまうからで、株式投資は長期投資で臨むことが基本中の基本だ。

とはいえ、なかには何十年も待てないということで、短期の売買を繰り返している70、

80の年配の投資家もいて、投資の目標を見失っているように思うことがあるが、これは結構無視できない問題だろう。

　現役を退いて、退職金やそれまでコツコツ貯めてきた大切なお金を、ただ漫然と株式に投資しては、証券会社への手数料がかさむだけで納得できるような成果は得られない。自分なりに「子供や孫に残すため」「家を改築するため」といった明確な目標を持つようしたいものだ。

　日本の個人投資家と言われる人たちは、ある程度富を蓄えている高齢者が多い。せっかく株式投資でそれなりのリターンを得たとしても、高い税金を取られるようでは高齢に達している個人投資家の投資意欲が失われてしまう。したがって、やはり相続税や贈与税は低くするべきだと思う。

　人の寿命は70、80歳どころか90、１００歳ぐらいまで伸びる時代になってきている。何歳まで生きるかわからないにしても、30になればまだ残る人生は70年あるかもしれないわけだから、若いうちからしっかりと資産運用を考えていくことが肝要だ。

株式投資はストーリーで考える

保有している株が下がった場合、よく取られる方法が損切りだ。このトレーディング法は間違ってはいないけれど、私たちはストーリーで株を買っているので、そのストーリーが崩れない限り株を持ち続けるようにしている。ただし、下がった株をいったん売って買い直すことはある。

たとえば1000円で買った株が900円に下がった場合、もう一度900円で買い直すわけだが、なぜそんなことをするのかというと、損は損で一緒であっても損失をいったん処理するというか、見えなくすれば精神的にラクになるからだ。損失を長い間放置しておくとその株を見ること、話を聞くことさえ嫌になる。

そして、次に株が本格的な上昇を始めると、嫌な気持ちのほうが強いから買値に戻って損失が消えたらすぐ売ってしまう。しかし、いったん上がりだした株はその後も大きく上昇することがよくあるので、その上昇を逃すことになる。辛いときにずっと付き合って、やっと状況が好転したのにすぐ売ってしまうのではもったいなさすぎる。

したがって、嫌な感情を持たないように損が出たら、いったん損失を確定してもう一度買い直すのは精神衛生上とてもいい方法である。これはいわゆるナンピン買いではなく、保有株数が変わらないのが特徴である。

1000円で買った株が500円に下がったら、損失は基本的に税務上のメリットがあるので500円の損失を早めに計上したほうがいい。そして500円でもう一度買い直して、その後上がっていけば気持ちはラクになり、いくらでも買い増していくことができる。

もう1つ、自分が持っている株が下がった場合の考え方を紹介しよう。たとえば石油開発関連の株を買ってから数カ月後に20％以上値下がってしまった際、でも、これから原油高になるはずだから石油資源開発関連の株は上がると判断すれば、それはストーリーであるから、ストーリーが崩れない限り売る必要はない。

しかし、もしストーリーが崩れたら、別に下がっていなくてもすぐに売るようにすることだ。そして、そのストーリーの根拠と、なぜ上がると思ったのかを自分に問うようにしたほうがいい。

さらに直近で起きた一番シンプルな例を挙げると、ペッパーフードの株がどうして上がったかといえば、安くておいしい肉が食べられて、実際自分で行ってみておいしかったし、人も多かったというように、そのストーリーが非常に明確だったこと。

では、そのストーリーがいつ崩れるかというと、たとえば肉がまずくなったときに崩れるか、顧客の対応が悪くなったときに崩れるかということになる。だから自分でストーリーを確認して何のマイナス要素がなければ、ペッパーフードの株は持ち続けるべきで、私たちはそうした株は5倍になっても10倍になっても売ることはしない。

残念なことに一般の投資家は何のストーリーも立てないで株を買っているケースが多い。下がっても売らずにそのままにしておいて、10％程度上がったら売るようなことが繰り返されている。何も考えないで株を買っているようなら10％ぐらいマイナスになったら損切りすべきで、上がったら利益を確定しないでむしろ持ち続けるべきだ。

したがって損切りは早く、利益確定は遅くが基本になり、それを超えた投資はストーリーで考えるべきなのである。

成長企業「従業員持ち株会」のド迫力

前章で複眼経済塾の渡部清二塾長が四季報オンラインで「年収上位と下位150社比較、有望株はどっち」と題したレポートの要点を列挙し、就活生が就職先を選ぶにあたって重視するのが「報酬」であることを紹介した。

同塾長はこれに引き続き、年収が高い安いだけでなく、将来の「資産形成」という観点から「従業員持ち株制度」について四季報オンライン（2018年6月6日）で述べており、その内容は個人投資家にとって大いに参考になると思われるので、以下に紹介しておきたい。

従業員持ち株制度とは、毎月の給料から一定の金額を天引きし勤め先もしくはその親会社の「自社株」を購入する制度で、「社員持ち株会」などとも呼ばれているが、加入は任意である。東京証券取引所の調べによると、２０１７年３月末現在、従業員持ち株制度を導入する企業は上場３５５２社のうち３１４４社で、その実施率は88・５％とほとんどの企業で加入することができる。

ではメリット、デメリットは何か。順番が逆になるがデメリットからはじめると、①業績が悪化すると「給与減少と株価下落による持ち株資産の目減り」のダブルパンチを受ける可能性がある、②換金するのに若干の事務手続きが必要である、③株主優待を受ける権利がない、などが挙げられる。

一方のメリットは、①会社から一定の奨励金が出るケースが多い、②業績がよければ株価上昇により資産が増える可能性がある、③給与天引きなので着実に資産形成できる、などだろう。

図表19　ドルコスト平均法の事例

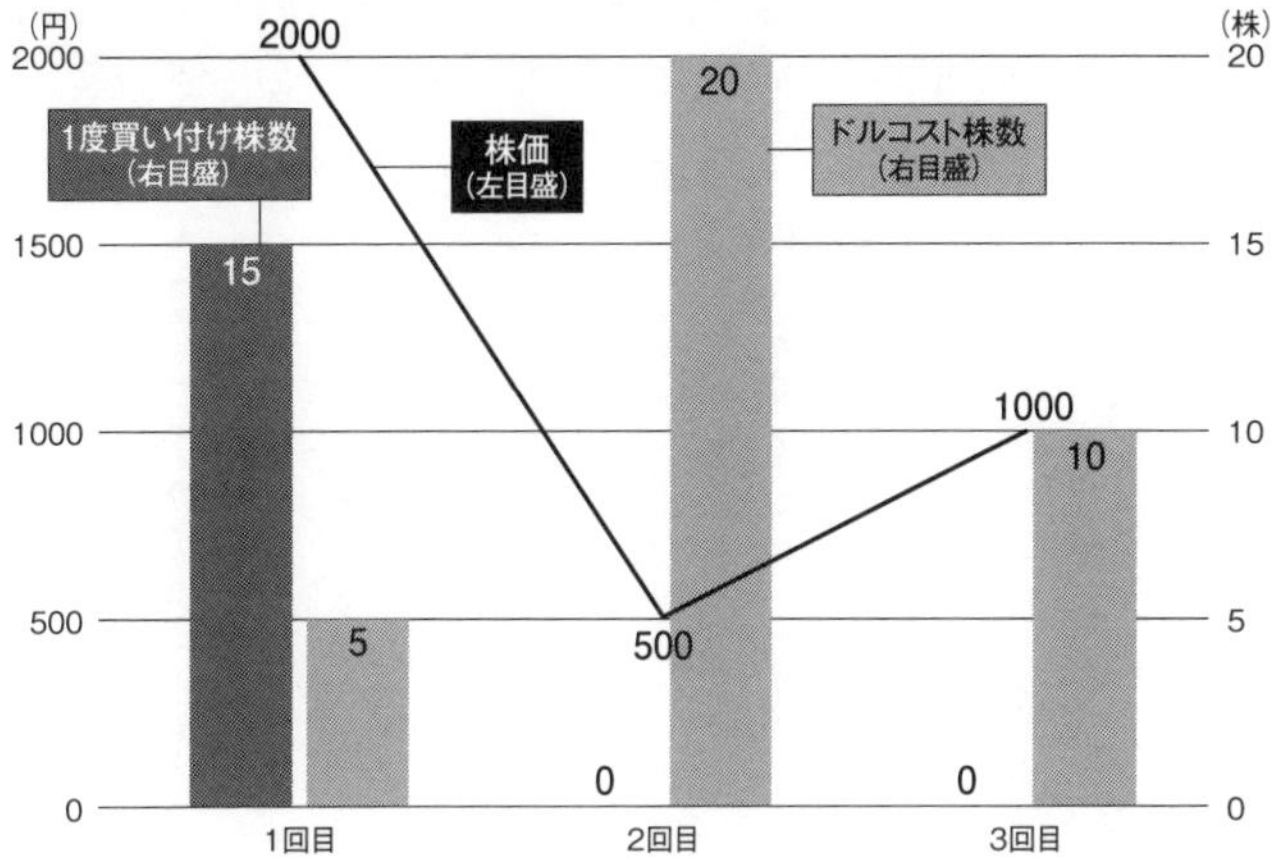

複眼経済塾作成

とくに③の給与天引きの効果は大きく、相場環境に関係なく毎月決まった金額で株式を買い付けるため、株価が安いときは株数を多く、株価が高いときは株数を少なく買い付けるため、結果的に平均購入単価を抑えることができるのだ。

このような積み立て投資を「ドルコスト平均法」というが、具体的に3万円を1度に投資するケースと、1万円を3回に分けてドルコスト平均法で投資するケースを考えてみた。株価が2000円から500円に値下がりし、その後少し戻して1000円になったという相場想定で考えるとイメージ図は図表19のとおりになる。

株価2000円のときに一度で3万円を

投資するケースでは、1回目で15株（＝30000円÷2000円）買い付けることになるため、株価1000円では投資金額3万円に対して評価額は1万5000円（＝1000円×15株）となる。一方の3回に分けてドルコスト平均法で投資するケースでは、株価2000円で5株（＝10000円÷2000円、以下同様の計算）、500円で20株、1000円で10株買い付け、合計35株保有することになるので株価1000円でもその評価額は3万5000円となる。

つまり一度に投資するケースでは、株価が2000円から1000円に半分になれば、その評価額も半分になるが、ドルコスト平均法だと株価が安いときに株数を多く買い、高いときは逆に少なく買うため取得コストを平準化でき、株価が半分になってもその評価額は投資額を上回る結果となるのである。

さてここで私（渡部清二）が就職活動をしていた1989（平成元）年にタイムスリップし、キーエンス（6861）、年収ランキング2位＝1861万円（平均年齢36・1歳）は、当時の『会社四季報』ではどのような企業に見えていたのかを考えてみたい。あわせて、私が実際に入社した野村證券ではなく、キーエンスに入社して従業員持ち株制度に加入していたら、どのような結果になったのかもシミュレーションしてみた。

まずは1989（平成元）年3月に発売された四季報1989年春号のキーエンスの記

図表20　会社四季報1989年春号　キーエンス(6861)

6861 (株) **キーエンス**

【特色】光学・磁気センサーなど検出・計測制御機器の専門メーカー、開発力と直販体制に強み
【事業】検出制御機器56、計測制御機器32、自動化用測定機器12〈輸出6〉(88・9)

【決算】3.20 幌
【設立】1974.5
【上場】1987.10

【絶好調】工場投資の盛上りを背景に主力の検出制御機器は四〇%増で推移。計測制御機器も高成長。規模拡大に伴う人件費増、公募費用六億円強を吸収、大幅増益。90年3月期もセンサー需要衰えず、高成長持続。
【東　京】東京の研究所用地確保は89年度に。新製品ではメモリカード利用のマイクロPC投入。公約配当性向七%。

西暦年月	【資本異動】	万株
87. 4	無1:1	1,021
87. 10	公378万株 (5540円)	1,400
88. 5	無1:0.3	1,820
89. 2払	公250万株 (7074円)	2,070
89. 3割	無1:0.1	2,277
予	なし	

大証2	高値	安値
87	7780(12)	6640(12)
88	**10800**(2)	**6100**(11)

	高値	安値	万株
88.10	7130	6520	29
11	7200	**6100**	24
12	**7550**	6950	39
89. 1	7500	6700	26
#2	7390	6690	

最高経常 88. 3　3,559

【資本金】2/1	10,987	(18,200万株)
【総資産】	32,392	50円 単1000
【株主資本】	28,278	(87.3% 1,554円)
【借入金】	1,108	【金融収支】 335
【資本準備】	10,876	〈中88.9〉

【株主】 単802名	
滝崎武光	5,141(28.2)
(株)ティ・ティ	3,900(21.4)
岡本光一	605(3.3)
三和銀行	585(3.2)
大和銀行	520(2.8)
太陽生命保険	390(2.1)
滝崎美弥子	343(1.8)
富士銀行	317(1.7)
滝崎武史	263(1.4)
東京銀行	261(1.4)
〈外国〉 1,646(9.0)	〈浮動株〉 16.7
〈投信〉 215(1.1)	〈特定株〉 68.0

【役員】(社)滝崎武光　(常)岡本光一　(取)小倉正紀　臼井一夫　今中哲夫　芦田康延　(常監)小田惇夫　(監)八木春作

【業績】(百万円)	売上	営業利益	経常利益	利益	1株益(円)	1株配(円)
85. 3	4,225	1,647	1,654	757	4,677	150
86. 3	6,088	2,396	2,423	1,073	6,305	150
分87. 3	7,321	2,540	2,606	1,206	236.2	10
88. 3	10,148	4,013	3,559	1,584	113.2	10
89. 3予	**14,500**	**6,000**	**6,300**	**2,800**	**135.3**	10
90. 3予	**18,000**	**7,800**	**8,600**	**3,700**	**162.5**	10
中87. 9	4,460	1,608	1,645	751	73.6	0
中88. 9	6,726	2,735	2,876	1,171	64.3	5
中89. 9予	8,300	3,500	3,800	1,600	70.3	5

【本社】569大阪府高槻市明田町2-13　☎0726(84)1111
【営業所】東京、大阪、名古屋、仙台、宇都宮、前橋、浦和、横浜、厚木、松本、静岡、岡崎、金沢、大阪東、広島、福岡、他2【工場】本社
【従業員】419名(27.2歳)【平均賃金】307,345円
【証券】[上]大阪2 [幹]野村 [副]大和、勧業角丸、国際、山一、新日本 [名][管]三菱信
【銀行】三和、大和、富士、東京、三菱信
【設投】1,887百万円【研究】一百万円(88.3)

会社四季報1989年春号より

事を見てみよう。

当時の四季報から見えるポイントは以下のようになる。

・**【特色】** 光学・磁気センサーなど検出・計測制御機器の専門メーカー、開発力と直販体制に強み

・**【設立】と【上場】** 設立15年目、「大証2部」に上場して1年半の若い企業だった

・**【従業員】** 従業員419名は決して少ないわけではないが、平均年齢は27・2歳なので社員が若い企業だった

・**【平均賃金】** 月給30・7万円は社員が若い割には高いが、全体で見れば

平均並みだった

・【コメント】【絶好調】「高成長持続」と業容が拡大する中、「規模拡大に伴う人件費増」とのコメントのように、人材の採用を増やすタイミングにあった

・【業績】今期売上高予想は145億円と売り上げ規模から見ると上場会社としては中堅企業だった。ただし増収率40％強、営業利益率40％強と、成長性も稼ぐ力もともに非常に高かった

・【株価】1988年12月高値7550円で時価総額は1374億円。今期PER49倍、PBR4・9倍、PSR（時価総額÷今期売上高予想）9・5倍とすべてのバリュエーションで株価は高く見えた

このように見てくると、当時のキーエンスの売り上げ規模はまだ小さく、「大証2部」というマイナー市場に上場していたため一般的にはあまり知られる存在ではなかったと思われる。それでも成長性と稼ぐ力は極めて高く、大阪2部上場を機にさらに成長が加速するタイミングにあったことが想像できる。

そのためか、株式市場では株価は必ずしも割安ではなく、むしろ高く評価をされていたことから、株式市場は先見性を発揮し、同社の将来性を織り込んでいたと考えられる。つ

キーエンス	日経平均
3680万円	509万円
11倍	1.5倍

まり「将来有望な就職先を探すことは株式市場で成長株を見つけることと同じ」ということが、実際の株式市場ではすでに起こっていたのだ。

では気になる持ち株会の成果はどうなったか。翌年1990（平成2、※私〈渡部清二〉が野村證券に入社した年）年4月、キーエンスに入社し4月から従業員持ち株制度に加入し、その月から今年の3月末までの28年間に、毎月1万円ずつ拠出し続けたと仮定した。

すると拠出した資金は総額336万円（＝1万円×12カ月×28年）となる。買い付けは毎月月末の株価でされたとして、今年3月末の評価はどうなったか。参考までに日経平均を毎月買い付けたケースも併記したのが上の表だ。

なんとキーエンスは持ち株会で336万円が3680万円と11倍に化ける「テンバガー」を達成している。もし仮に毎月1万円ではなく3万円を積み立てていたら1億円を突破して億万長者になっていた。

さらにキーエンスの株価は右肩上がりの成長を遂げたため、結果としてドルコスト平均法は必要なく、入社時に総額336万円分の株を1回で買うことができたなら、こちらは1億700万円と29倍に化けて、やはり億万長者になれたのだ。ちなみに野村證券株は残念ながら２１２万円と低迷し投資金額を下回っている。

このように成長している企業では見えている年収以上に、株価の上昇によって持ち株会でも財産を築くことができるのだ。これらの話は、すでに終わった過去の話で「捕らぬ狸の皮算用」にしかならないが、就活生にとっては、これらの話はこれからの話で、さらに言えば、もっと夢を描ける企業はいくらでもあるはずだ。

繰り返しになるが、就活生が企業を見る目を養うことはもちろん、親や親せきなど、周りの大人も企業を見る目を養い、未来ある若者に正しいアドバイスができるよう努力する必要があると思う。

おわりに

この本のメインテーマは新冷戦構図における日本と日本経済の明日をポジティブに考察することだったので、私の出身国であるトルコについてはあまり記述していない。第3章のなかで新興国の負債比率の高さを指摘し、トルコをはじめとする主要新興国の通貨が危ないと指摘したくらいだ。しかし、ちょうど本書のゲラの確認をしている最中にトルコ通貨危機が勃発した。トルコリラは1日で20％以上も下落するという変動相場制の通貨としては通常、あり得ないことが起きてしまった。まさに第3章で指摘したリスクが現実のものとなった。その理由は米国との関係悪化だが、米国とトルコの関係が悪化した要因は2016年にトルコで逮捕されている米国人のブランソン牧師である。米国は同師の釈放をトルコ政府に要求していたが、釈放されなかったので、米政府はトルコに対する制裁措置を発動した。しかし、私はブランソン牧師の件は表向きの理由で単なる口実にすぎないと考えている。

振り返ればトルコリラの下落トレンドが始まったのは2013年だ。2013年に起きたイスタンブールのゲジ公園の大規模反政府デモが最初の下落のキッカケだった。その後は2013年12月に勃発したトルコ最大の汚職スキャンダル、2015年11月のロシア戦闘機の撃墜事件、2016年7月のクーデター未遂事件と非常事態宣言、2017年の憲法改正と大統領制度への移行など大きなイベントが起きるたびにトルコリラは下落した。前述したように2013年という年は非常に重要な年で大きな転換点だ。新冷戦の元年は2013年だと私は思っているからだ。

トルコはユーラシア大陸の主要エネルギー・貿易ルートのど真ん中に座っている国で昔からトルコにおける東西の覇権争いは著しい。エルドアン政権は2016年のクーデター未遂以降に外交面では親ロシア政策を行ってきたが、一方で西側諸国との同盟関係も続けようとした。しかし、この2つは相反することであり、永遠に続けることは不可能だ。トルコは遅かれ早かれ東西のどちらかを選択せざるを得なかった。そして、エルドアン政権はロシアからのS-400というミサイルシステムの購入を決めたことで東側を選んだと表明した。米国がトルコに制裁を発動した真の理由はこれだと考える。エルドアン大統領は米国の制裁について、経済戦争を仕掛けられていると批判したが、これは経済戦争とい

う名の新冷戦である。トルコの戦略的な重要性を考慮すると、西側諸国は簡単にトルコを
ロシア・中国ブロックに手渡すとは考えにくい。個人的にもっとも心配しているのはトル
コにおける東西覇権争いは経済だけですまない可能性があることだ。
トルコの状況から見ても新冷戦の開始は疑いのない事実だが、実はもう1つ興味深いこ
とがこの冷戦開始を暗示していた。それは伊勢神宮の遷宮である。遷宮は新たに建てた神
社の正殿に御神体を遷すことである。伊勢神宮ではそれが20年に一度行われる。第1回の
式年遷宮が行われたのは、持統天皇4年（西暦690年）なので、実に1300年以上も
続けられている行事である。もっとも直近の遷宮は2013年だ。2013年の遷宮では、
御神体は東の御敷地「米座《こめくら》」から西の御敷地「金座《かねくら》」に遷った。伊勢では古来より、東の
「米座」時代は平和で心豊かな「精神の時代」、西の「金座」時代は激動で物欲が強い「経
済の時代」と言われている。日本の近代史を見ると、まさにこの20年の遷宮サイクルに沿
った動きをしているのに気づく。たとえば、1973年から1993年の金座の時代は、
中東戦争とオイルショックの波乱万丈で始まったが、日本経済はイケイケドンドンの時代
だった。1993年から2013年の米座時代は日本経済がデフレと景気低迷に直面した
が、世界的には冷戦が終結したため、テロを除けば、わりと平和な時代だった。2013

年から始まった新しい金座は波乱万丈の時代が開始したことを意味するが、同時に日本経済に繁栄をもたらすのではないかと考える。

本書の冒頭でも書いたように、私は日本に来てから20年を超えた。日本でいままで一番聞かれた質問は〝なぜ日本に来たのですか?〟という質問だ。百万回というと大げさだが、確実に1万回以上は聞かれている。トルコという国は世界一の親日国家であることを多くの日本人も知っていると思う。1890年のエルトゥールル号遭難事件から、1985年のイラン・イラク戦争勃発時の日本人の救出劇まで、トルコと日本の友好の歴史は長いが、私はもっともインパクトがあった出来事は日露戦争ではないかと思う。オスマン帝国の末期は100年に渡ってロシアに虐《いじ》められて来た歴史である。日本というアジア大陸の片方にある小さな国がオスマン帝国の宿敵であるロシアを破ったことのインパクトは大きかった。トルコのエリート層の間でこの戦争をキッカケに日本に関心が高まり、いわゆる日本ブームが起きたのである。一般庶民まで日本の勝利に喜びすぎてイスタンブールで3日間お祭りをしたと言われている。

ちなみに、東京にある在日トルコ大使館は日露戦争の英雄である東郷平八郎元帥が祀《まつ》られている東郷神社の斜め向かい側に位置する。トルコ人の東郷元帥へのリスペクトが大きすぎて、昔トルコから日本に任命された外交官は大使館に着任する前に東郷神社にお参りしてから大使館に入っていたそうだ。いまでこそこの習慣はないが、私はいまでもトルコ大使館に行くたびに東郷神社にお参りするようにしている。

私が日本に来たキッカケはもちろんトルコ人の親日感情だけではない。日本は実によく研究されていないと感じていたからである。トルコもそうだが、新興国の留学生はだいたい欧米諸国に留学する。私の場合も世界生物学オリンピックに優勝したので、実はアメリカやイギリスの名門大学に奨学金をもらって留学することも可能だった。たとえばＭＩＴ（マサチューセッツ工科大学）やケンブリッジ大学に行くこともできた。しかし、いままで何万人もの人がこれらの大学に留学しているわけで、そんな何万人の１人になるくらいだったら日本に行く５人の１人になるほうが意味はあるし、日本という国を研究する意義も価値も大きいと考えた。

私はガチのテレビゲーマーであり、日本のゲームやアニメが小さいときから好きだったことも影響したかもしれない（笑）。結果的に私は東大に学部生として入学した最初のトルコ人留学生になることができた（私より以前に大学院生の留学生はいたが、学部生はいなかった）。これは誇りに思っている。欧米諸国に行かずに日本に来たことで、日本という国の素晴らしい文化と歴史を学ぶことができたし、現在、日本とトルコで同時に情報発信し、両国についての正しい知識と理解を広げようとしている。おかげ様でこんな本まで書くことができたし、個人的にはこれ以上の光栄はないと思っている。

最後になるが、ツイッターで情報発信しているときに私の活動に気づいて、この本を書くチャンスを与えてくれたビジネス社の唐津社長をはじめ、編集で大変お世話になった草野氏、そして出版に関わったすべての皆さんに感謝の意を申し上げたい。

エミン・ユルマズ

[略歴]
エミン・ユルマズ
エコノミスト、為替ストラテジスト
トルコ・イスタンブール出身。16歳で国際生物学オリンピックに優勝。翌年日本に留学し、1年後に東京大学理科一類に合格。東京大学工学部卒業。同大学院にて生命工学修士を取得。卒業後、野村證券に入社し、M&Aアドバイザリー業務、機関投資家営業業務などに従事。2015年に四季リサーチに入社、2016年に複眼経済塾取締役・塾頭に就任。現在、トルコ国立報道機関アナトリアンエージェンシーの専属アナリストも務めている。ツイッターを中心にソーシャルメディアから毎日情報発信中。日経マネー、四季報オンライン、ダイヤモンドザイFX!における連載をはじめ、日本メディアにて活躍中。
公式ツイッター @yurumazu

編集協力／草野伸生

それででも強い日本経済！

2018年10月1日　　　第1刷発行

著　者　エミン・ユルマズ
発行者　唐津 隆
発行所　株式会社ビジネス社
〒162-0805　東京都新宿区矢来町114番地 神楽坂高橋ビル5F
電話　03(5227)1602　FAX　03(5227)1603
http://www.business-sha.co.jp

〈カバーデザイン〉大谷昌稔
〈本文組版〉茂呂田剛（エムアンドケイ）
〈印刷・製本〉中央精版印刷株式会社
〈編集担当〉本田朋子　〈営業担当〉山口健志

ISBN978-4-8284-2051-6